Zulässigkeit von Veränderungen am fertiggestellten Filmwerk
im Hinblick auf das Urheberpersönlichkeitsrecht des Filmregisseurs

Europäische Hochschulschriften
Publications Universitaires Européennes
European University Studies

Reihe II

Rechtswissenschaft

Série II Series II
Droit
Law

Bd./Vol. 1414

PETER LANG
Frankfurt am Main · Berlin · Bern · New York · Paris · Wien

Heidrun Huber

Zulässigkeit von Veränderungen am fertiggestellten Filmwerk im Hinblick auf das Urheberpersönlichkeitsrecht des Filmregisseurs

PETER LANG
Frankfurt am Main · Berlin · Bern · New York · Paris · Wien

Die Deutsche Bibliothek- CIP-Einheitsaufnahme

Huber, Heidrun:

Zulässigkeit von Veränderungen am fertiggestellten Filmwerk im Hinblick auf das Urheberpersönlichkeitsrecht des Filmregisseurs / Heidrun Huber. - Frankfurt am Main ; Berlin ; Bern ; New York ; Paris ; Wien : Lang, 1993
(Europäische Hochschulschriften : Reihe 2, Rechtswissenschaft ; Bd. 1414)
Zugl.: Konstanz, Univ., Diss., 1993
ISBN 3-631-46268-9

NE: Europäische Hochschulschriften / 02

Dissertation der Universität Konstanz

Tag der mündlichen Prüfung: 9.2.1993

Referent: Prof. Dr. Fezer
Referent: Prof. Dr. Dr. Ebenroth

ISSN 0531-7312
ISBN 3-631-46268-9

VORWORT

Um die Auswertungsmöglichkeiten von Spielfilmen zu verbessern nehmen Filmindustrie und Fernsehunternehmen immer häufiger Veränderungen an fertiggestellten Filmen vor. An erster Stelle stehen dabei Veränderungen zu Werbezwecken, insbesondere durch Werbeunterbrechungen während der Fernsehsendung sowie durch Einblendung des Logos des Fernsehsenders - die meines Erachtens nach in erster Linie der Eigenwerbung des sendenden Fernsehanbieters dient. Aber auch Formatanpassungen von Breitwandfilmen sowie Kolorierungen alter Schwarz-Weiß-Filme sollen die Video- und Fernsehauswertung fördern.

Die vorliegende Arbeit untersucht die Zulässigkeit dieser Veränderungen im Hinblick auf das Urheberpersönlichkeitsrecht des Filmregisseurs. Der Schwerpunkt der Untersuchung liegt dabei auf der Regelung des § 93 UrhG und zeigt in diesem Rahmen die Interessen des Filmregisseurs an der Integrität seines Werkes sowie die Interessen der Filmhersteller bzw. Fernsehsender an der Veränderung der Werke auf. (Das Ergebnis der Untersuchung gilt uneingeschränkt freilich nur insoweit als vertragliche Vereinbarungen über Änderungen nicht getroffen sind.)

Daneben wird ein kurzer Länderbericht über die Regelungen des Urheberrechts am Filmwerk in den klassischen europäischen Filmländern und den USA gegeben und die kollisionsrechtliche Anknüpfung bei Urheberrechtsverletzungen in Deutschland mit Auslandsberührung bestimmt. Der letzte Teil der Arbeit geht auf die EG-rechtlichen Besonderheiten im Hinblick auf die Durchsetzung des Werkschutzrechts des deutschen Filmregisseurs ein.

Die vorliegende Untersuchung lag der juristischen Fakultät Konstanz im Wintersemester 1992/1993 als Dissertation vor.

Mein herzlicher Dank gilt meinem Doktorvater, Herrn Prof. Dr. Fezer sowie Herrn Prof. Dr. Dr. Ebenroth, der das Zweitgutachten erstattete.

Danken möchte ich auch Herrn Dr. Schotthöfer, der den Einstieg in die Untersuchung angeregt hat.

Die Anfertigung der Arbeit und der gleichzeitige Beginn meiner Anwaltstätigkeit wäre nicht möglich gewesen ohne die geduldige Unterstützung durch Herrn Rechtsanwalt Wedel, dem ich dafür herzlich danke.

Danken möchte ich weiterhin Herrn Reinhard Blachian, Frau Monika Hoebbel, Herrn Dr. Frank Eßlinger, Frau Sabine Sefranek und Herrn Heiner Stadler. Besonderer Dank gilt Gerd für seine Geduld und Hilfe.

Gewidmet ist dieses Buch meinen Eltern, die mir durch ihre fortwährende Unterstützung die Voraussetzungen für die Anfertigung dieser Arbeit geschaffen haben.

München, im März 1993

INHALTSVERZEICHNIS

TEIL 3

TEIL 1

A. Die Stellung des Filmregisseurs im deutschen Urheberrecht

I. Geschichtliche Entwicklung des Urheberrechts am Filmwerk

1. Allgemeines

Am 28.Dezember des Jahres 1895 fand in einem Pariser Café die erste öffentliche Vorführung eines Filmprogrammes statt. Hersteller der vorgeführten Filme waren die Gebrüder Lumière.[1] In einem Programm von etwa 20 Minuten Dauer wurden 10 Filme vorgeführt. Die Filmhandlung zeigte jeweils eine Aktion, etwa das Herannahen einer Lokomotive oder Fabrikarbeiter, die das Firmengelände verlassen.[2]

In den folgenden Jahren waren Filmvorführungen fast ausschließlich auf dem Rummelplatz anzutreffen. Wer Filme vorführen wollte, mußte diese kaufen. Der Preis bestimmte sich nach Metern (z.B.1 Mark je Meter). Wer das Filmmaterial gekauft hatte, konnte die Filme unbeschränkt vorführen.[3]

Filmrecht gab es zu dieser Zeit noch nicht. Eine Unterscheidung zwischen dem Filmband und dem Filmwerk als Geistesgut wurde noch nicht getroffen.[4]

Anfang des 20.Jahrhunderts änderten sich die wirtschaftlichen Bedingungen durch die Herstellung von sogenannten abendfüllenden Spielfilmen jedoch von Grund auf. Es wurden zunächst feste Lokale und später Filmtheater eingerichtet, die den Zuschauern ein wechselndes Programm von Filmen zeigen wollten. Da die Lokal- und Filmtheaterbesitzer die Filmkopien nun nicht mehr kaufen wollten, da die jeweiligen Filme nur kurze Zeit vorgeführt werden konnten, entstand ein weiterer Zweig der Filmindustrie: der Filmverleih. Das Filmtheater mietete nun vom Filmverleih einen Film, der dann während der Mietzeit

1 Sidler, Victor, Filmgeschichte, Zürich 1982, S.17; Gregor/Patalas, Geschichte des Films, Bd. 1, 4.Aufl. 1980, S.11; Fischer Lexikon, Film,Rundfunk, Fernsehen, 1958, S. 74;

2 Kirst, Hans-Hellmut, Bilanz der Traumfabrik, 1963, S. 18

3 Kirst, a.a.O., S. 18; Fischer Lexikon, Film, Rundfunk, Fernsehen, S. 75

4 Fischer Lexikon, Film,Rundfunk,Fernsehen, S. 75

vorgeführt werden durfte. Damit wurde die Trennung von Filmmaterial und dem Film als Geisteswerk manifestiert.

2. Erste filmrechtliche Regelungen.

Erste filmrechtliche Regelungen wurden mit der Urheberrechtsnovelle von 1910 in die beiden damals geltenden deutschen Urheberrechtsgesetze eingefügt: Der "Verfilmungsschutz" in das Gesetz betreffend das Urheberrecht an Werken der Literatur und der Tonkunst vom 19.06.1901 (LUG). § 12 Abs. 2 Ziff. 6 und § 14 Ziff. 5 dieses Gesetzes bestimmte, daß ein Filmhersteller, der einen Film nach einer literarischen Vorlage herstellen wollte, die Zustimmung des Autors zur Verfilmung und Vervielfältigung des Filmwerkes erwerben mußte.

Der "Filmschutz" wurde in das Gesetz betreffend das Urheberrecht an Werken der bildenden Künste und der Photographie vom 09.01.1907 (KUG) aufgenommen. Dort wurde dem Filmwerk der Kunsturheberschutz durch die Bestimmung des § 15 a gewährt. Nach dieser Bestimmung war ein im Wege der Kinematographie oder eines ihr ähnlichen Verfahrens hergestelltes Werk wegen der Anordnung des Bühnenvorganges oder der Verbindung der dargestellten Begebenheiten als eine eigentümliche Schöpfung anzusehen, und das Urheberrecht erstreckte sich auf diese bildliche Wiedergabe der dargestellten Handlung in geänderter Gestaltung. Dem Urheber kam dabei die ausschließliche Befugnis zu, das Werk öffentlich vorzuführen.

Das Gesetz sagte jedoch nichts darüber aus, in welcher Weise und in wessen Person das Urheberrecht an einem Filmwerk entsteht. Diese Fragen gehörten bald zu den meistumstrittenen Fragen im Filmrecht[5].

3. Die Frage nach dem Urheber des Filmwerkes

Das geltende Urheberrecht (LUG und KUG) ging vom Einzelschöpfer aus. Bei der Herstellung des Filmes jedoch wirken zahlreiche Personen in verschiedenen Arbeitsvorgängen mit, sei es durch Beiträge künstlerisch-schöpferischer oder

---

5 Berthold-v.Hartlieb, Filmrecht, Ein Handbuch, 1957, S.53

technisch-organisatorischer Art.[6] Der Personenkreis, dessen Leistungen in dem, in künstlerischer Hinsicht eine Einheit bildenden Filmwerk enthalten sind, ist daher groß. Dies macht die Lösung der Frage nach dem Urheber des Filmwerkes schwierig.

3.1. Standpunkte in der Rechtsprechung

Das Reichsgericht mußte sich erstmals im Jahre 1923 mit der Frage auseinandersetzen, wer Urheber eines Filmes ist.[7] Es sah darin jedoch offensichtlich kein besonderes Problem, denn es entschied sich ohne nähere Begründung für den Filmhersteller.[8] Dieser Ansicht folgte die Rechtsprechung bis in die fünfziger Jahre.[9] Begründet wurde dies insbesondere damit, daß das Filmwerk durch den Einsatz der finanziellen, technischen und organisatorischen Mittel des Filmherstellers **in einer der Angestellten- und Betriebserfindung ähnlichen Weise** zustandekomme.[10] Die Angestellten- bzw. Betriebserfindung war eine Erscheinung des Erfinder- und Patentrechts. Unter "Angestellten- und Betriebserfindung" wurde eine in einem gewerblichen Unternehmen gemachte Erfindung verstanden, deren Zustandekommen durch die Zurverfügungstellung des gesamten wissenschaftlichen und technischen Apparates des Unternehmens, insbesondere früherer Betriebserfahrungen und Vorarbeiten, in derart hohem Grade ermöglicht wurde, daß ein einzelner Angestellter als Erfinder sich nicht feststellen ließ. Das Patentgesetz vom 05.05.1936 und die Verordnung über die Behandlung von Erfindungen von Gefolgschaftsmitgliedern haben die Betriebserfindung jedoch nicht übernommen.[11]

---

6 Berthold-v.Hartlieb, S.53

7 RGZ, 106,365

8 Das Urheberrecht am Filmwerk wurde in RGZ 106, S.365 mit dem folgendem Satz dem Filmhersteller zugesprochen: " Nur wenn der Filmhersteller, der im Zweifel als der Träger des Urheberrechts anzusehen ist, sein Recht beschränkt..."

9 KG, JW 1924, S. 413, OLG Frankfurt/M UFITA Bd. 22 (1956), 111,117

10 KG, JW 1924, S. 413

11 Berthold-v.Hartlieb, S. 72

Die (filmrechtliche) Lehre von der Betriebserfindung ging also von einer analogen Rechtslage der Herstellung eines Filmes und der Angestellten- bzw. Betriebserfindung aus und billigte dem Filmhersteller ein originäres Unternehmerurheberrecht am Filmwerk zu.

Erst 1959 trat mit einer Entscheidung des BGH eine Kehrtwendung ein: Der BGH stimmte hier einerseits der Meinung zu, daß als Urheber des Filmwerkes der Hersteller anzusehen sei, stellte andererseits jedoch klar, daß das Urheberrecht am Filmwerk nur dann "in der Person des Unternehmers voll zur Entstehung" gelänge, wenn die Einzelurheberrechte der Autoren, des Komponisten und gegebenenfalls weiterer Mitschaffender dem Unternehmer rechtswirksam übertragen worden seien.[12]

3.2. Standpunkte in der Literatur

In der Literatur wurde die (filmrechtliche) Lehre von der Betriebserfindung insbesondere von v.Böhmer-Reitz[13] und Goldbaum[14] vertreten. Nach v.Böhmer-Reitz lag die Analogie zur Betriebserfindung nicht nur in der Abhängigkeit, sondern auch in der Verrichtung der künstlerischen Arbeit in dem vorhandenen Produktionsunternehmen, ferner in dem "fabrikationsmäßigen industriellen Charakter" der Filmherstellung.[15]

Goldbaum sah vor allem in der Finanzierung des Filmvorhabens bzw. der Bereitstellung der Mittel hierfür durch den Filmhersteller das Entscheidende für die Zuerkennung eines originären Unternehmerurheberrechts. Auch verdienten seiner Meinung nach die Tätigkeiten der eigentlichen Filmschaffenden, insbesondere des Regisseurs und des Kameramanns, keinen Urheberrechtsschutz.

12 BGH UFITA Bd. 32 (1960), S. 195,198.

13 v.Böhmer-Reitz, Der Film in Wirtschaft und Recht, 1933, S. 113 ff.

14 Goldbaum, Wenzel Urheber- und Urhebervertragsrecht, 1927, S.45 ff.

15 v.Böhmer-Reitz, S.113, 114.

Auch einige andere namhafte Autoren[16], billigtem dem Filmhersteller aufgrund des Einsatzes seiner finanziellen und organisatorischen Mittel ein originäres Urheberrecht am Filmwerk zu. Die Vorteile dieser Auffassung für die Praxis sind naheliegend. Der Filmhersteller braucht sich die Urheberrechte der einzelnen Filmschaffenden nicht mehr auf dem Vertragswege übertragen zu lassen, sondern erwirbt diese originär.

Überwogen hat in der Literatur aber die Meinung, daß ein originäres Urheberrecht des Filmherstellers mit dem derzeit gültigen Urheberrechtsbegriff, der eine nur von Einzelpersonen zu erbringende schöpferische Geistesleistung verlange, grundsätzlich nicht zu vereinbaren sei. Urheber des Filmwerkes seien vielmehr all jene, die durch ihre geistig-schöpferischen Leistungen an der Gestaltung des Filmwerkes mitwirkten.[17] Die von der Rechtsprechung überwiegend vertretene Lehre von der Betriebserfindung wurde von der puristischen Lehre, insbesondere von Ulmer mit der Begründung abgelehnt, daß ein Vergleich zwischen Leistungen von Filmschaffenden und Leistungen von Angestellten eines Unternehmens, die zu einer Erfindung führen, zwar ergäbe, daß Filmschaffende wie Erfinder in einer abhängigen Stellung eine geistig-schöpferische Tätigkeit ausübten, die sich in ihren Filmwerken offenbart. Auch würden Filmwerke wie Erfindungen zum Zwecke materieller Verwertung geschaffen. Trotz dieser gemeinsamen Züge von urheberrechtlich geschützten Werken und Erfindungen verbiete sich jedoch der Analogieschluß aus dem Erfinder- und Patentrecht auf das Filmurheberrecht, denn im Hinblick auf Entstehung und Inhalt bestünden zwischen urheberrechtlichen und technischen Schutzrechten grundlegende Unterschiede.[18]

---

16 ausführliche Nachweise bei Berthold-v.Hartlieb, S. 84 ff.

17 Friedmann, Grundfragen des Filmrechts, UFITA Bd.1 (1928), S. 559; Hoffmann, Willy, Ein deutsches Urheberrechtsgesetz, Entwurf eines Gesetzes über das Urheberrecht, 1933, S. 32ff Berthold-v.Hartlieb, S. 84 ff. m. w. N.

18 Ulmer, Lehrbuch 1. Aufl. 1951, S. 20 mit weiterem Nachweis.

3.3. Die Reformentwürfe

Der **amtliche Entwurf des Reichsjustizministeriums**[19] von 1932 versuchte die umstrittene Frage um die Urheberschaft am Filmwerk dadurch zu lösen, daß der Filmhersteller zwar das Verfilmungsrecht an einem vorbestehenden Werk vertraglich erwerben muß (§ 21 Abs.2), daß die Werknutzungsrechte an dem hergestellten Film dann jedoch kraft Gesetzes auf den Filmurheber übergehen (§ 21 I).

Der **Akademie-Entwurf** von 1939[20] sah als Urheber des Filmwerkes die Personen an, die durch persönliche schöpferische Leistungen bei der Gestaltung des Filmes mitwirken. Der Filmhersteller sollte jedoch gemäß § 19 b ein ausschließliches Nutzungsrecht an dem Filmwerk kraft Gesetzes erwerben.

§ 93[21] des **Referentenentwurfs** von 1954[22] enthielt eine gesetzliche Fiktion, wonach das Urheberrecht am Filmwerk originär in der Person des Filmherstellers entstehe. Begründet wurde dies damit, daß die besondere Eigenart des Filmwerkes, bei dem - anders als bei sonstigen Werken - sowohl bei der Herstellung als auch bei der Verwertung wirtschaftliche Gesichtspunkte überwiegen würden, eine Durchbrechung des Urheberschaftsprinzips notwendig mache und eine Sonderregelung rechtfertige.[23] Ein Urheberpersönlichkeitsrecht wurde den an der Filmherstellung schöpferisch mitwirkenden Personen - bis auf den Regisseur - nicht zugesprochen. Für den Regisseur war in § 96 des Entwurfes eine Sonderregelung vorgesehen, nach der er Entstellungen oder andere Beeinträchtigungen seiner Leistung verbieten können sollte, die geeignet waren, sein Ansehen oder seinen Ruf zu gefährden.[24]

---

19 1932 veröffentlicht unter dem Titel "Entwurf eines Gesetzes über das Urheberrecht an Werken der Literatur, der Kunst und der Photographie mit Begründung".

20 Abgedruckt in GRUR 1939, S. 242 ff.

21 § 93 I des Referentenentwurfes hatte den folgenden Wortlaut: "Als Urheber eines Filmwerkes gilt der Inhaber des Unternehmens, welches das Filmwerk hergestellt hat (Filmhersteller)."

22 Delp, Ludwig, Das künftige Urheberrecht, 1954, S. 67.

23 Begründung zum Referentenentwurf in Delp a.a.O. S. 68.

24 Begründung zum Referentenentwurf a.a.O. S.68.

Da der Referentenentwurf auch in weiteren Teilen wenig urheberfreundlich eingestellt war, stieß er in der Öffentlichkeit auf starke Kritik. Das Bundesjustizministerium arbeitete ihn daraufhin erheblich um und veröffentlichte 1959 den amtlichen Ministerialentwurf.[25]

Der **Ministerialentwurf** von 1959 schloß sich bezüglich des Urheberrechts am Filmwerk der puristischen Rechtslehre an. Urheberrechte am Filmwerk wurden ausschließlich denjenigen zugesprochen, die durch eine geistig-schöpferische Leistung an der Gestaltung des Filmwerkes mitwirkten. Um den Filmhersteller nicht leer ausgehen zu lassen, sollte ihm für seine organisatorische und wirtschaftliche Gesamtleistung ein Leistungsschutzrecht zukommen.

Diese Grundsätze wurden vom **Regierungsentwurf** übernommen, der 1962 dem Bundestag zugeleitet wurde.[26]

II. Das Urheberrecht des Filmregisseurs am Filmwerk nach dem Urheberrechtsgesetz vom 09.09.1965

Der Gesetzgeber führte dem Ministerial- und dem Regierungsentwurf entsprechend das Urheberschaftsprinzip im Urheberrechtsgesetz von 1965 ohne Ausnahme durch.[27] Danach ist Urheber der Schöpfer des Werkes (§ 7 UrhG), also derjenige, der seinem individuellen Geist im Werk Gestalt gegeben hat.[28] Ein Urheberrecht juristischer Personen kennt das Urheberrechtsgesetz von 1965 nicht. Begründet wurde dies damit, daß juristische Personen nicht schöpferisch tätig sein können.[29] Auch die vom Referentenentwurf vorgeschlagene gesetzliche Fiktion, wonach das Urheberrecht am Filmwerk originär in der Person des Filmherstellers entstehen sollte, hat der Gesetzgeber nicht übernommen. In Überspitzung der monistischen Theorie wurde das

25 Abgedruckt in UFITA Bd. 45, (1965), S. 320 ff.

26 Hubmann-Rehbinder, Urheber- und Verlagsrecht, 7. Aufl. 1991, S. 19.

27 v.Gamm, Urheberrechtsgesetz, Kommentar, 1968, § 7 Rdnr. 1.

28 Hubmann-Rehbinder, S. 108.

29 Hubmann-Rehbinder, S. 108.

Urheberrecht sogar für grundsätzlich unübertragbar erklärt.[30] Der Urheber kann jedoch Nutzungsrechte an seinem Werk übertragen.

1.

Urheber des Filmwerkes sind also all jene Personen, die einen geistig-schöpferischen Beitrag bei der Herstellung des Filmwerkes geleistet haben. Da in aller Regel mehrere Personen geistig-schöpferische Leistungen für ein Filmwerk erbringen, sind all diese Personen Miturheber des einheitlichen Filmwerkes, sie erwerben also das Urheberrecht am Filmwerk gemeinschaftlich (§ 8 UrhG).

Auch das Urheberrechtsgesetz von 1965 bestimmt jedoch nicht, welcher Personenkreis als Urheber des Filmwerkes anzusehen ist. Die amtliche Begründung stellt lediglich fest, daß je nach Lage des Einzelfalles der Regisseur, der Kameramann, der Cutter und andere Mitwirkende, die die Gestaltung des Filmwerkes schöpferisch mitbestimmt haben, Urheber des Filmwerkes sein können.[31] Somit muß für jeden Einzelfall geprüft werden, wer bei der Gestaltung des Filmwerkes eine geistig-schöpferische Leistung erbracht hat. In Frage kommen hierfür etwa der Regisseur, der Kameramann, der Cutter, der Maskenbildner, der Tonmeister, eventuell der Filmherstellungsleiter. Die Urheber vorbestehender Werke, also etwa Autoren, Filmkomponisten, Filmarchitekten scheiden als Urheber des Filmwerkes aus, da sie bei der Gestaltung des Filmwerkes selbst keine schöpferisch-geistige Leistung erbringen.[32]

2.

Literatur und Rechtsprechung waren sich frühzeitig einig, daß jedenfalls der Filmregisseur unbedenklich dem Kreis der Filmurheber zuzurechnen sei.[33]

---

30 Hubmann-Rehbinder, S. 19/20; Urheberrechtsschutz genießen freilich nur Filmwerke, die sich durch die Auswahl, Anordnung und Sammlung des Stoffes sowie durch die Art der Zusammenstellung der einzelnen Bildfolgen als das Ergebnis geistig schöpferischen Schaffens darstellt, Schricker/Loewenheim, § 2 Rdnr. 119 Diese Voraussetzungen werden bei Spielfilmen regelmäßig gegeben sein.

31 Amtliche Begründung, UFITA 45 (1965), S. 318.

32 v.Hartlieb, Horst, Handbuch des Film-,Fernseh- und Videorechts, 3. aufl. 1991, S. 217.

33 Werhahn, Urheberrecht am Tonfilm, GRUR 1954, S.18; Berthold-v.Hartlieb, S.59 f.; OLG München, UFITA Bd.48 (1967), S.287; LAG Berlin, UFITA Bd.67 (1973), S.286;

Einige wenige Autoren[34] vertraten zunächst die Meinung, der Regisseur erbringe keine eigene schöpferisch-geistige Leistung. So wurde etwa von Ulmer[35] die Ansicht vertreten, der Regisseur übernehme nur eine bearbeitende Tätigkeit im Rahmen der Filmherstellung, indem er das Drehbuch filmisch umsetze. Das Drehbuch sei als bereits geformtes, aneinandergereihtes und perfektes Filmwerk zu bezeichnen, dem es nur noch an der optischen Sichtbarmachung ermangele und das durch keinerlei nachfolgende Leistung in seiner spezifischen eigenschöpferischen Natur mehr geändert werden könne. Diese Ansicht konnte sich jedoch nicht durchsetzen und wurde - insbesondere von Ulmer - bald wieder aufgegeben.[36]

Inzwischen wird der Regisseur einheitlich zum Kreis der Filmurheber gerechnet.[37] Vielfach wurde und wird der Regisseur auch zum eigentlichen Urheber des Filmwerkes erklärt.[38] Dieser Meinung ist zuzustimmen. Der Regisseur ist künstlerischer Leiter des Filmprojekts. Er nimmt eine vorherrschende Stellung bei der Schaffung des Filmwerkes ein.[39] Er sorgt dafür, daß die einzelnen Werkbeiträge zu einem sinnvollen Ganzen, dem Filmwerk, zusammenwachsen: Die Aufgabe des Regisseurs ist es zunächst, die Dreharbeiten vorzubereiten, d.h., Drehorte und Schauspieler auszuwählen, eventuell die Herstellung bestimmter Bauten und die Beschaffung der erforderlichen Requisiten zu veranlassen. Gegebenenfalls gestaltet er auch das Drehbuch entsprechend seiner Vorstellung um. Bei den Dreharbeiten selbst muß der Regisseur die durch das Drehbuch vorgegebene Geschichte in Bilder fassen, filmisch gestalten. Die anderen Filmschaffenden haben sich in der Regel an die Regieanweisungen zu halten, so daß der Regisseur die Gesamtwirkung des Filmes bestimmt. Der Regisseur ist es, der die Kameraeinstellungen festlegt,

34 Etwa Pintsch, Horst, Das Urheberrecht am Tonfilm, 1937, S. 28.

35 Ulmer, Lehrbuch, 1. Aufl. S.135.

36 So berücksichtigte Ulmer den Regisseur bereits 1952 in seinem Aufsatz "Neuregelung des Filmrechts" GRUR 1952, S. 9 als Urheber.

37 Schricker/Katzenberger, vor §§ 88 ff, Rdnr. 61, mit weiterem Nachweis.

38 Fromm, Das Recht des Regisseurs und der Schutz seiner künstlerischen Leistung, GRUR 1962, S.561; Wipf, Rudolf, die Stellung des Filmregisseurs im Urheberrecht, Zürich, 1966, S.87.

39 Wipf, S.87.

nach seinen Anweisungen werden der Beleuchter, der Maskenbildner und sämtliche weitere an den Dreharbeiten Beteiligte tätig. Insbesondere gibt der Regisseur den Schauspielern die Regieanweisungen, d.h. das Tun der Schauspieler wird ausschließlich durch den Regisseur bestimmt. Nach Beendigung der Dreharbeiten gibt der Regisseur schließlich dem sogenannten Cutter, der für den Schnitt und die Montage des Filmes zuständig ist, Anweisungen, damit der Rhythmus der Bilder die Bildfolge ergibt, welche den Ideen des Regisseurs entspricht. Desweiteren überwacht der Regisseur die Musikeinblendungen und die erforderliche Textsynchronisation. Der Regisseur ist es also, der die verschiedenen Leistungen der Filmschaffenden verbindet und dadurch die innere Form des Filmwerkes schafft.[40]

Letztendlich trägt der Regisseur die künstlerische Verantwortung für das geschaffene Filmwerk. Der Regisseur kann daher als eigentlicher Urheber des Kunstwerkes "Film" betrachtet werden, da die künstlerische Qualität des Filmwerkes in seinen Händen liegt.

3.

Der Filmhersteller[41] erwirbt nach dem Urheberrechtsgesetz von 1965 kein Urheber- bzw. Miturheberrecht am Filmwerk. Er muß sich daher für die Auswertung des Filmwerkes die Nutzungsrechte von allen Urhebern vertraglich einräumen lassen. Um diesen für die ungehinderte Auswertung wichtigen Rechteerwerb zu erleichtern, enthält das Gesetz jedoch zugunsten des Filmherstellers eine Auslegungsregel, nach der im Zweifel jeder, der sich zur Mitwirkung bei der Herstellung eines Filmwerkes verpflichtet, bereits mit dieser Verpflichtung sämtliche ihm etwa erwachsenden Nutzungsrechte am Filmwerk dem Filmhersteller einräumt (89 UrhG).[42]

---

40 vgl. zur Tätigkeit des Filmregisseurs: Bohr, Kurt, Die Urheberrechtsbeziehungen der an der Filmherstellung Beteiligten, 1978, S. 25 ff.; Berthold/v.Hartlieb, S.58; BGH, UFITA Bd.60 (1971), S.247.

41 Den Begriff des Filmherstellers hat das Urheberrechtsgesetz nicht näher bestimmt. Anhaltspunkte für eine Begriffsbestimmung finden sich in der Amtlichen Begründung, die auf den hohen Kostenaufwand des Filmherstellers hinweist. Das Filmförderungsgesetz definiert in § 15 den Filmhersteller als diejenige Person, welche die Verantwortung für das Filmvorhaben trägt.Näher zum Begriff des Filmherstellers bei Schricker/Katzenberger, vor § 88 Rdnr.31.

42 Urheber- und Verlagsrecht, Textausgabe, dtv, 5.Aufl. 1990, Einführung XIX.

III. Die Beurteilung des Urheberrechts am Filmwerk für vor dem 01.01.1966 hergestellte Filmwerke

Fraglich ist aber, wie die Urheberschaft an Filmwerken, die vor dem 01.01.1966 hergestellt worden sind, zu beurteilen ist.

Durch die Übergangsvorschrift des § 134 UrhG wird der 1965 geltende urheberrechtliche status quo aufrecht erhalten: Wer nach bisherigem Recht als Urheber eines Werkes angesehen wurde, gilt auch weiterhin als dessen Urheber. Gemäß § 134 Abs.2 UrhG findet diese Regelung auch Anwendung, wenn nach bisherigem Recht eine juristische Person als Urheber eines Werkes galt.

Hinsichtlich der Beurteilung des Urheberrechts an Filmwerken, die vor dem 01.01.1966 hergestellt worden sind, bedeutet dies folgendes: Wenn nach bisherigem Recht der Filmhersteller als Urheber des Filmwerkes anzusehen war, so gilt er auch weiterhin als dessen Urheber. Gerade die Frage nach dem Urheber des Filmwerkes war vor Inkrafttreten des Urheberrechtsgesetzes von 1965 jedoch ungeklärt. Die herrschende Meinung in der Literatur sprach das Filmurheberrecht den schöpferisch beteiligten Personen zu. Jedoch gab es auch hier gewichtige Gegenstimmen.[43] Eine Orientierung an der Rechtsprechung schlägt fehl, da die Rechtsprechung bis zum Ende der fünfziger Jahre den Filmhersteller als Urheber des Filmwerkes betrachtet hat, dann jedoch eine Kehrtwendung vornahm und das Urheberrecht jedenfalls auch den schöpferisch am Filmwerk mitwirkenden Personen zusprach.[44] Bei dieser Sachlage ist nicht davon auszugehen, daß das bisherige Recht einen Vertrauenstatbestand zugunsten der Filmhersteller geschaffen hat.[45] Im Hinblick auf die herrschende Meinung in der Literatur und die Kehrtwendung in der Rechtsprechung sind auch nach bisherigem Recht die schöpferisch an der Filmherstellung beteiligten Personen und nicht der Filmhersteller als Urheber des Filmwerkes anzusehen.

---

43 Vgl. hierzu oben Ziffer I.3.2.

44 Vgl. hierzu Ausführungen unter Ziffer I.3.1.

45 Vgl. Schack, Der Vergütungsanspruch der in- und ausländischen Filmhersteller aus § 54 UrhG, ZUM 1989, S. 274

Somit ist die Filmurheberschaft an Filmwerken, die vor dem 01.01.1966 hergestellt worden sind, ebenso zu beurteilen, wie an Filmen, die nach Inkrafttreten des Urheberrechtsgesetz von 1965 hergestellt worden sind.[46]

B. Das Urheberpersönlichkeitsrecht des Filmregisseurs am Filmwerk

I. Allgemeines zum Urheberpersönlichkeitsrecht

Gegenstand des Urheberpersönlichkeitsrechts ist die persönliche Beziehung zwischen Urheber und Werk.[47] Damit schützt das Urheberpersönlichkeitsrecht die ideellen Interessen des Urhebers.[48]

Die Lehre vom Urheberpersönlichkeitsrecht beruht auf der Erkenntnis, daß das Werk auch nach seiner Fertigstellung, seiner Veröffentlichung, selbst nach Weggabe aller Nutzungsrechte untrennbar mit seinem Schöpfer verbunden bleibt. Es ist Ausdruck seines Denkens und Fühlens, seines Temperaments, seines Stils, kurz der gesamten Persönlichkeit des Schöpfers.[49]

Vorschriften urheberpersönlichkeitsrechtlichen Charakters enthielten bereits das LUG von 1901 und das KUG von 1907.[50] Auch in der Rechtsprechung waren jedenfalls Teilaspekte des Urheberpersönlichkeitsrechts schon sehr früh anerkannt. So hat das Reichsgericht in einer Entscheidung von 1884 erstmals ein Änderungsverbot aus der Verpflichtung heraus, Geisteswerke auch wegen der Ehre und des Ansehens ihrer Urheber zu schützen, anerkannt.[51] Ausdrücklich

---

46 vgl. Schack a.a.O., S.274.

47 Schricker/Dietz, vor §§ 12 ff, Rdnr. 14.

48 Grohmann, Hans, Das Recht des Urhebers, Entstellungen und Änderungen seines Werkes zu verhindern, 1971, S.16.

49 Fromm/Nordemann/Hertin, Urheberrechtsgesetz, Kommentar, 7. Aufl. 1988, vor § 12 Rdnr. 1.

50 Z.B. das Änderungsverbot der § 9 LUG und § 12 KUG; Gebot der Quellenangabe in § 25 LUG und § 19 II KUG; Verbot der irreführenden Urheberangabe auf der Vervielfältigung eines Bildnisses in § 18 III KUG.

51 RGZ 12, 50/52.

angesprochen wurde das Urheberpersönlichkeitsrecht erstmals in einer Entscheidung des Reichsgerichts von 1929.[52]

Durch die Rechtsprechung wurde die Entwicklung der Lehre vom Urheberpersönlichkeitsrecht soweit vorangetrieben, daß es für den Regierungsentwurf 1962 nur noch der Übernahme der durch die Rechtsprechung herausgearbeiteten Grundsätze bedurfte.[53]

Mit Inkrafttreten des geltenden Urheberrechtsgesetzes ist das Urheberpersönlichkeitsrecht auch durch die Gesetzgebung ausdrücklich anerkannt worden.[54] Es konkretisiert sich entsprechend der Überschrift vor § 12 UrhG in dem Recht des Urhebers, zu bestimmen, ob und wie sein Werk zu veröffenlichen ist, dem Recht auf Anerkennung seiner Urheberschaft am Werk und dem Recht, eine Entstellung oder andere Beeinträchtigung seines Werkes zu verbieten, die geeignet ist, seine berechtigten geistigen oder persönlichen Interessen am Werk zu gefährden.

Vom allgemeinen Persönlichkeitsrecht grenzt sich das Urheberpersönlichkeitsrecht durch die persönliche Beziehung zwischen Urheber und Werk ab.[55] Im Gegensatz zu dem umfassenden allgemeinen Persönlichkeitsrecht, welches den Schutz der Persönlichkeit als solcher beinhaltet, schützt das Urheberpersönlichkeitsrecht das (urheberrechtlich geschützte) Werk in seiner Verbindung mit dem Schöpfer.[56] Das Urheberpersönlichkeitsrecht ist dabei eine

52 RG, GRUR 1929, 508, 509, zitiert nach Elster, "Das Urheberpersönlichkeitsrecht in der Rechtsprechung des Reichsgerichts" in "Die Reichsgerichtspraxis im deutschen Rechtsleben", Bd. 4, S. 252 ff. Zu den besonderen Persönlichkeitsrechten ausführlich Helle, Besondere Persönlichkeitsrechte im Privatrecht, 1991.

53 Runge, Das Urheber-und allgemeine Persönlichkeitsrecht, UFITA Bd. 54 (1969), S.1 f.

54 Mit der Einbindung der vorgenannten urheberpersönlichkeitsrechtlichen Vorschriften in das Urheberrechtsgesetz von 1965 wurde schließlich den Voraussetzungen des Art 6 RBÜ in der erweiterten Fassung der Brüsseler Revisionskonferenz von 1948 Genüge geleistet. Art 6 RBÜ lautet in seiner Fassung von 1948:"Unabhängig von seinen vermögensrechtlichen Befugnissen und selbst nach deren Abtretung behält der Urheber während seines ganzen Lebens das Recht, die Urheberschaft am Werk für sich in Anspruch zu nehmen und sich jeder Entstellung, Verstümmelung oder sonstigen Änderung dieses Werkes oder jeder anderen Beeinträchtigung des Werkes zu widersetzen, welche seiner Ehre oder seinem Ruf nachteilig sein könnte.".

55 Schricker/Dietz, vor § 12 ff, Rdnr. 14

56 v.Gamm, Grundfragen des Filmrechts, 1957, S. 31.

rechtlich selbständige Erscheinungsform des Persönlichkeitsrechts.[57] Als Spezialregelung geht das Urheberpersönlichkeitsrecht dem allgemeinen Persönlichkeitsrecht vor.[58] Jedoch kann der Urheber auf das allgemeine Persönlichkeitsrecht zurückgreifen, wenn die Vorschriften des Urheberpersönlichkeitsrechts zum Schutze seiner Interessen nicht ausreichen.[59] Dies kann etwa der Fall sein, wenn Individualinteressen des Urhebers verletzt werden, die sich nicht auf ein einzelnes Werk, sondern auf die Gesamtheit seines Werkschaffens beziehen.[60]

Sind an der Herstellung eines Werkes mehrere Urheber beteiligt, so entsteht in der Person jedes Miturhebers ein ihm allein zustehendes, ungeteiltes, auf das Gesamtwerk bezogenes Urheberpersönlichkeitsrecht.[61]

Die Verletzung des Urheberpersönlichkeitsrechts kann sowohl durch den Erwerber von Nutzungsrechten als auch durch den Bearbeiter und den Besitzer oder Eigentümer von Werkstücken erfolgen.[62] Dabei ist zu beachten, daß das Urheberpersönlichkeitsrecht mit dem Urheberrecht 70 Jahre nach dem Tod des Urhebers erlischt.[63]

II. Das Werkschutzrecht nach § 14 UrhG

1. Allgemeines

Da im Rahmen dieser Arbeit die Zulässigkeit von Veränderungen am fertiggestellten Filmwerk untersucht werden soll, ist insbesondere das urhe-

---

57 Schricker/Dietz, vor §§ 12 ff. Rdnr. 14.

58 Schricker/Dietz, vor §§ 12 ff. Rdnr. 15.

59 Hubmann-Rehbinder, S. 65.

60 Hubmann-Rehbinder, S. 65.

61 v.Gamm, § 8 Rdnr. 12.

62 Möhring/Nicolini, Urheberrechtsgesetz, 1970, § 14 Rdnr. 3.

63 a.M. v. Gamm, Urheberrechtsgesetz, § 64 Rdnr. 2; Möhring/Nicolini § 64, Rdnr. 2a; Schricker/Dietz, vor §§ 12 ff, Rdnr. 33.

berpersönlichkeitsrechtlich begründete Werkschutzrecht von Interesse. Das Werkschutzrecht schützt das Interesse des Urhebers an Bestand und Unversehrtheit des Werkes.[64] Seine Hauptstütze findet das Werkschutzrecht des Urhebers in § 14 UrhG.[65] Der volle Regelungsinhalt des § 14 UrhG erschließt sich jedoch erst in einer Gesamtschau des § 14 UrhG mit den weiteren änderungsrechtlichen Vorschriften der §§ 39, 62 und 93 UrhG[66]. Die Bestimmung des § 62 UrhG bezieht sich dabei ausschließlich auf die in §§ 45 ff UrhG niedergelegten Ausnahmevorschriften über die Schranken des Urheberrechts und kann im Rahmen dieser Arbeit daher außer Betracht bleiben.

Aus der Gesamtschau dieser änderungsrechtlichen Vorschriften wird als Grundgedanke ein umfassender Schutz des Urhebers vor Änderungen und Entstellungen seines Werkes erkennbar. Dieser Schutz wird dem Urheber sowohl gegenüber dem vertraglich, wie gegenüber dem im Rahmen der Urheberrechtsschranken gesetzlich zur Werknutzung Berechtigten, sowie schließlich gegenüber dem Eigentümer oder rechtmäßigen Besitzer des Originals oder eines Vervielfältigungsstückes des Werkes gewährt.

Hinsichtlich der Prüfung der Zulässigkeit von Veränderungen am fertiggestellten Filmwerk ist ausschließlich das Werkschutzrecht des Urhebers gegenüber dem vertraglich zur Werknutzung Berechtigten von Interesse. Zu untersuchen ist daher insbesondere der Schutz des Beeinträchtigungs- und Entstellungsverbotes des § 14 UrhG und die Einschränkung, die § 14 UrhG durch die Vorschrift des § 93 UrhG, speziell für die Entstellung und Beeinträchtigung bei Filmen erfährt. Anzusprechen ist in diesem Zusammenhang auch das der Klarstellung dienende Änderungsverbot des § 39 UrhG, welches das Änderungsverbot gegenüber dem Inhaber eines Nutzungsrechts bekräftigt.

---

64 Schricker/Dietz, § 14 Rdnr.3.

65 Schricker/Dietz, § 14 Rdnr.1.

66 Vgl.hierzu ausführlich Schilcher, S. 54.

2. Zur Entstehung des § 14 UrhG

Im früheren Recht (LUG und KUG) fehlte eine ausdrückliche Vorschrift, die den Schutz des Urhebers vor Entstellungen und anderen Beeinträchtigungen begründete.[67,68] Dessen ungeachtet hat jedoch bereits das Reichsgericht in einer Entscheidung von 1912 eine Berechtigung des Urhebers gegen Entstellungen und sonstige Beeinträchtigungen unter Hinweis auf ein allgemein-urheberrechtlich begründetes Änderungsverbot anerkannt.[69] Im Rahmen der Urheberrechtsreform wurde der Schutz des Urhebers gegen Entstellungen in den Referentenentwurf aufgenommen. In der amtlichen Begründung wurde dabei ausdrücklich auf die Entwicklung in der Rechtsprechung zum Entstellungsverbot, sowie auf Art 6 bis RBÜ Bezug genommen.[70] Im späteren Gesetzeswortlaut des § 14 UrhG wurde das Werkschutzrecht gegenüber Art 6 bis RBÜ sogar noch erweitert, da erstere Vorschrift sich nicht auf eine den Ruf oder das Ansehen verletzende Auswirkung beschränkt, sondern schon die mögliche Gefährdung für ein Abwehrrecht ausreichen läßt.[71]

3. Beeinträchtigungen oder Entstellungen des Werkes

Gemäß § 14 UrhG hat der Urheber das Recht, eine Entstellung oder eine andere Beeinträchtigung seines Werkes zu verbieten, die geeignet ist, seine berechtigten geistigen oder persönlichen Interessen zu gefährden. Ausgangspunkt dabei ist das Werk in der ihm vom Urheber verliehenen Gestalt, die diesem als die bestmögliche erscheint und die demgemäß auch vom außenstehenden Betrachter als solche hinzunehmen ist. Eine angebliche Verbesserung des Werkes durch einen Dritten schließt dementsprechend eine Beeinträchtigung dieser objektiv

---

67 v.Gamm, Urheberrechtsgesetz, § 14 Rdnr.1.

68 Jedoch auch das LUG und das KUG kannten eine Reihe von Vorschriften zum änderungsrechtlichen Problemkreis.

69 RGZ 79, 397,400,401.

70 Vgl.Reg.Entw. zum UrhG, UFITA Bd. 45 (1965) S. 259

71 Flechsig, Beeinträchtigungsschutz von Regieleistungen im Urheberrecht, Film und Recht 1976, S. 429,432

vorgegebenen Werkgestalt nicht aus.[72] Es kommt also nicht darauf an, ob eine Veränderung des Werkes vom Standpunkt eines Dritten aus eine Verbesserung oder Verschlechterung des Werkes herbeiführt. Maßgeblich ist allein, ob eine objektiv nachweisbare Änderung am Werk selbst oder an einem Vervielfältigungsstück stattgefunden hat.[73] Jede objektiv nachweisbare Änderung des vom Urheber geschaffenen Werkes ist daher als Beeinträchtigung im Sinne des § 14 UrhG zu sehen.

Die grammatikalisch-systematische Auslegung des § 14 UrhG, der von einer Entstellung oder anderen Beeinträchtigung spricht, ergibt, daß "Beeinträchtigung" als Oberbegriff der Entstellung zu verstehen ist.[74] Die Entstellung wird vom Gesetz als besonders schwerwiegende Form der Beeinträchtigung hervorgehoben.[75] In Literatur und Rechtsprechung wurde vielfach versucht, die Entstellung begrifflich zu definieren. So hat etwa Kroitzsch die Entstellung als Verschlechterung des Werkes, Veränderung des Werkcharakters, Verzerrung oder Verfälschung der Grundauffassung des Werkes, Verstümmelung, Sinnentstellung oder Änderung des Aussagegehalts eines Werkes durch Streichungen oder Zusätze beschrieben.[76] Dementsprechend wird der Begriff der Entstellung von der h.M. in Literatur und Rechtsprechung mehr oder weniger einheitlich definiert.[77] Fraglich ist aber, ob sich ein Unterscheidungskriterium zwischen Beeinträchtigung und Entstellung sinnvoll herausarbeiten läßt und ob diese Differenzierung der Begriffe im Interesse der Rechtsklarheit und Rechtssicherheit ist.[78] Wie oben ausgeführt, ist jede Veränderung des Werkes eine Beeinträchtigung im Sinne des § 14 UrhG. Die Entstellung ist eine besonders schwerwiegende Form der Beeinträchtigung. Die Abgrenzung zwischen Beeinträchtigung und Entstellung erfolgt also nach der

72 Schricker/Dietz, § 14 Rdnr. 21; Fromm/Nordemann/Hertin, § 14 Rdnr. 2; v.Gamm, Urheberrechtsgesetz, § 14 Rdnr.8.

73 Fromm/Nordemann/Hertin, § 14 Rdnr.2.

74 Bohr, S.70

75 Schricker/Dietz, § 14, Rdnr.19.

76 Möhring/Nicolini, § 14 Rdnr. 3.

77 Fromm/Nordemann/Hertin, § 14 Rdnr. 2 mit weiterem Nachweis.

78 Ebenso Schilcher, S. 64,65.

Intensität des Eingriffs. Auf die Intensität des Eingriffs kommt es bei der Prüfung des § 14 UrhG jedoch zunächst nicht an. Vielmehr kommt es zunächst nur auf das Vorliegen einer Änderung des Werkes, egal welcher Intensität an. Liegt eine solche Änderung vor, so ist nun die Eignung zur Interessengefährdung zu prüfen. Als dritte Prüfungsstufe ist sodann eine Interessenabwägung vorzunehmen.[79] Erst bei dieser Interessenabwägung spielt die Intensität des Eingriffs eine Rolle.[80] Eine Differenzierung der Begriffe "Beeinträchtigung" und "Entstellung" erübrigt sich daher.[81]

4. Die Interessenabwägung im Rahmen des § 14 UrhG

Wie jedes subjektive Recht wird auch das Urheberpersönlichkeitsrecht einer Beschränkung durch die Interessenabwägung unterworfen.[82] Der Urheber ist gegen eine Entstellung oder Beeinträchtigung daher nur insoweit geschützt, als nicht überwiegende Belange Dritter Vorrang vor den Urheberinteressen genießen. Die Interessenabwägung führt damit zu einer Relativierung des Urheberpersönlichkeitsrechts.[83]

Ausgangspunkt der Interessenabwägung ist das Bestands- und Integritätsinteresse des Urhebers, also das Interesse, daß das Werk der Öffentlichkeit[84] nicht anders als in der vom Urheber verliehenen Gestalt zur Kenntnis gelange.[85] Diesem Bestands- und Integritätsinteresse steht häufig das Nutzungsinteresse insbesondere des zur Werknutzung Berechtigten gegenüber.

79 Schricker/Dietz, § 14 Rdnr. 18.

80 Ebenso Schilcher, S 65.

81 Im Ergebnis ebenso Schilcher, S.65.

82 Hubmann, Das Persönlichkeitsrecht, S. 147.

83 Grohmann, S. 94.

84 Einer Veränderung im privaten Kreis oder einer privaten Bearbeitung kann der Urheber nicht entgegentreten (§ 23 Satz 1 UrhG).

85 Schilcher, S. 101.

Die Abwägung der sich gegenüberstehenden Interessen muß sich am konkreten Einzelfall orientieren und unter Berücksichtigung aller Aspekte des Einzelfalles getroffen werden.[86] Eine abstrakte Wertung der betroffenen Interessen genügt nicht. Der Interessenabwägung hat vielmehr eine Untersuchung aller Umstände des Einzelfalles vorauszugehen, denn nur dadurch kann festgestellt werden, welche schützenswerten Interessen auf beiden Seiten bestehen.[87] Anhand dieser Untersuchung kann sodann eine Gewichtung der sich gegenüberstehenden Interessen vorgenommen werden.[88]

Ausgehend vom Bestand- und Integritätsanspruch des Urhebers ist dem Urheberpersönlichkeitsrecht bei der Interessenabwägung eine hohe Schutzwürdigkeit einzuräumen, jedoch kann nicht grundsätzlich von einer höheren Gewichtung der urheberpersönlichkeitsrechtlichen Interessen des Urhebers im Vergleich mit den Interessen der Werknutzungsberechtigten, insbesondere mit dessen materiellen Interessen, ausgegangen werden. Das Urheberinteresse hat also nicht etwa wegen seines persönlichkeitsrechtlichen Gehalts grundsätzlich Vorrang vor den - wenn auch rein materiellen - Interessen Dritter.[89] Handelt es sich bei den, den urheberpersönlichkeitsrechtlichen Interessen des Urhebers gegenüberstehenden Interessen des Werknutzungsberechtigten auch um überwiegende materielle Belange, so müssen urheberpersönlichkeitsrechtliche Interessen zugunsten dieser überwiegenden Belange dennoch zurücktreten.[90] Das heißt, im Einzelfall kann auch ein abstrakt gesehen rangniedrigeres Interesse, etwa das materielle Interesse des Werknutzungsberechtigten, eine überwiegende Stellung einnehmen.[91]

86 Grohmann, S. 91.

87 Grohmann, S.90.

88 Grohmann, S.91.

89 Grohmann, S.93.

90 Grohmann, S.93.

91 Grohmann, S.91

Auf die einzelnen Wertungskriterien, insbesondere im Hinblick auf die Interessen des Filmregisseurs und des Filmherstellers ist im Rahmen der Interessenabwägung nach § 93 UrhG näher einzugehen.

5. Verhältnis von § 39 UrhG zu § 14 UrhG

Das Änderungsverbot des § 39 UrhG ist nicht als selbständige Anspruchsgrundlage neben dem Beeinträchtigungs- und Änderungsverbot des § 14 UrhG zu verstehen.[92] Es bekräftigt vielmehr das in § 14 UrhG allgemein geregelte Beeinträchtigungs- und Änderungsverbot gegenüber dem Inhaber eines Nutzungsrechts. Dabei läßt es jedoch sowohl Änderungen des Werkes, zu denen der Urheber seine Einwilligung nach Treu und Glauben nicht versagen kann (Abs. 2), als auch Vereinbarungen über Änderungen (Abs. I 2.HS.) ausdrücklich zu.

5.1. Vereinbarungen über Änderungen

Nach h.M. in Literatur und Rechtsprechung[93] kann der Urheberberechtigte Vereinbarungen über alle unter den Oberbegriff der Beeinträchtigung fallenden Änderungen, somit auch Änderungen, die eine Entstellung darstellen, treffen. Dietz etwa begründet dies mit der ausdrücklichen Erwähnung der Zulässigkeit von Änderungsvereinbarungen in § 39 Abs.I UrhG, die einen Beleg für die grundsätzliche Zulässigkeit vertraglicher Dispositionen über Teilelemente des Urheberpersönlichkeitsrechts darstelle.[94] Dabei muß eine Vereinbarung, die das Werk beeinträchtigt oder gar entstellt, die vorzunehmende Änderung konkret bestimmen. Es müssen also die Reichweite, das Ausmaß und die Tendenz der Änderung in der Vereinbarung ausdrücklich im einzelnen bezeichnet sein.[95] Wird dem Nutzungsberechtigten vertraglich das Recht zu nicht näher

92 Schricker/Dietz, § 39 Rdnr. 1.

93 Möhring/Nicolini, § 39 Anm.8; Fromm/Nordemann/Hertin, § 39 Rdnr. 2; Schricker/Dietz, § 39 Rdnr. 8; Hubmann-Rehbinder, S. 152; OLG München, GRUR 1986,460,463

94 Schricker/Dietz, § 39 Rdnr.8.

95 Schricker/Dietz, § 93 Rdnr.10.

bezeichneten Änderungen eingeräumt, so verbleibt dem Urheber dabei jedoch der Kern des in § 14 UrhG gewährleisteten Rechts: Er kann grundsätzlich verlangen, daß die geistige und künstlerische Eigenart seines Werkes gewahrt bleibt, und jedenfalls sinnentstellende Änderungen untersagen.[96]

5.2. Die Änderungserlaubnis nach § 39 Abs.2 UrhG

§ 39 Abs.2 UrhG läßt Werkänderungen zu, zu denen der Urheber seine Einwilligung nach Treu und Glauben nicht versagen kann. Die an sich erforderliche Einwilligung des Urhebers in Änderungen seines Werkes wird durch § 39 Abs.2 UrhG also gesetzlich fingiert. Als Ausnahmevorschrift ist § 39 Abs.2 UrhG jedoch eng auszulegen.[97] Welche Änderungen nach Treu und Glauben zulässig sind, hängt auch im Falle des 39 Abs.2 UrhG von einer Interessenabwägung ab.[98]

5.3. Die Interessenabwägung im Rahmen des § 39 UrhG[99]

Die Interessenabwägung im Rahmen des § 39 UrhG unterscheidet sich methodisch nicht von der Interessenabwägung, die im Rahmen des § 14 UrhG vorzunehmen ist.[100] Es ist daher von einer einheitlichen Interessenabwägung im Rahmen des § 14 UrhG sowie im Rahmen des § 39 Abs.2 UrhG auszugehen.

96 Ulmer, Lehrbuch, S. 218.

97 Fromm/Nordemann/Hertin, § 39 Rdnr.4.

98 Schricker/Dietz, § 39 Rdnr. 14.

99 Zur Interessenabwägung ausführlich unten Gliederungspunkt B.III.6.

100 Schilcher, Theresia, Der Schutz des Urhebers gegen Werkänderungen, 1988, S. 65.

III. Einschränkung des Werkschutzrechts für Filmwerke durch § 93 UrhG

1. Allgemeines

Während der Urheber nach § 14 UrhG das Recht hat, eine Entstellung oder sonstige Beeinträchtigung zu verbieten, die geeignet ist, seine berechtigten geistigen oder persönlichen Interessen am Werk zu gefährden, wird dieser Schutz für Urheber eines Filmwerkes[101] nach § 14 UrhG hinsichtlich der Herstellung und Verwertung des Filmwerkes auf gröbliche Entstellungen oder andere gröbliche Beeinträchtigungen ihrer Werke beschränkt. Urheber und Filmhersteller haben dabei angemessene Rücksicht aufeinander zu nehmen.

2. Zur Entstehung des § 93 UrhG

Eine dem § 93 UrhG entsprechende Bestimmung fehlte im früheren Recht. In der Rechtsprechung war jedoch bereits nach früherem Recht anerkannt, daß nach Übergang des Urheberrechts bei Filmwerken das Persönlichkeitsrecht des Urhebers nur Schutz gegen Verunstaltung und Verstümmelung des Werkes gewährt.[102] Die ursprüngliche Konzeption des Referentenentwurfes von 1954[103], der einerseits noch eine gesetzliche Fiktion, wonach das Urheberrecht am Filmwerk originär in der Person des Filmherstellers entstehe, enthielt, und den schöpferisch an der Filmherstellung mitwirkenden Personen ein Urheberpersönlichkeitsrecht nicht zugestand, machte andererseits für den Filmregisseur eine einschneidende Ausnahme: Gemäß § 93 des Referentenentwurfes sollte dem Regisseur des Filmwerkes ein Urheberpersönlichkeitsrecht zustehen, durch das er Entstellungen oder andere Beeinträchtigungen seiner Leistung verbieten können sollte, die geeignet waren, sein Ansehen oder seinen Ruf zu gefährden. Erklärt wurde diese Sonderbehandlung damit, daß der Regisseur bei der Schaffung eines Filmwerkes den Hauptanteil bei der Umwandlung des literarischen Filmstoffes in die Bildsprache leiste. Er bringe im Filmwerk seine künstlerische Auffassung zur Geltung und präge ihm häufig seinen Stil auf. So erscheine es wegen der

101 und der zu seiner Herstellung benutzten Werke.

102 Vgl. BGH Schulze BGHZ 160, 15f.

103 Abgedruckt in Delp, Das künftige Urheberrecht, 1954, S.67 ff.

überragenden Stellung des Regisseurs im Kreise der Filmschaffenden angebracht, ihm ein droit moral an seiner Leistung zuzubilligen.[104] Eingeschränkt war dieser Schutz des Filmregisseurs nur durch § 97 des Referentenentwurfes, der ein Gebot zur Rücksichtnahme für alle an der Filmherstellung Beteiligten vorsah. Der an sich urheberunfreundliche Referentenentwurf sah für den Filmregisseur also eine günstigere urheberpersönlichkeitsrechtliche Regelung vor als der darauffolgende Ministerialentwurf[105], der zwar das Urheberrecht am Filmwerk den eigentlichen Urhebern zusprach, jedoch andererseits den Urheberpersönlichkeitsschutz auf das Recht gegen gröbliche Entstellungen oder Beeinträchtigungen beschränkte. Für den Filmregisseur bedeutete dies, daß ihm durch den Ministerialentwurf einerseits die Stellung als Urheber am Filmwerk gewährt wurde, daß ihm jedoch andererseits eine wesentlich ungünstigere urheberpersönlichkeitsrechtliche Position zukam.

Der Regierungsentwurf übernahm ebenso wie die spätere gesetzliche Regelung die grundsätzliche Konzeption des Ministerialentwurfes bezüglich der Filmurheberschaft und der Einschränkung des Urheberpersönlichkeitsrechts der an der Filmherstellung beteiligten Personen auf gröbliche Entstellungen und gröbliche Beeinträchtigungen. Die Begründung des Regierungsentwurfes zum Urheberrechtsgesetz 1965 führte hierzu folgendes aus:

"Wie alle Urheber und Inhaber verwandter Schutzrechte genießen auch die bei der Herstellung eines Filmwerkes beteiligten Urheber und Schutzrechtsinhaber Schutz gegen eine Entstellung ihrer schöpferischen oder künstlerischen Leistung nach den allgemeinen Vorschriften der §§ 14 und 93 UrhG. Wegen der großen Zahl dieser Personen erscheint es jedoch geboten, die Ausübung der Rechte aus den §§ 14 und 93 UrhG gewissen Beschränkungen zu unterwerfen. Gerade bei Filmwerken wird sich häufig die Notwendigkeit nachträglicher Änderungen ergeben, etwa auf Grund der freiwilligen Selbstkontrolle der deutschen Filmwirtschaft oder zur Anpassung des Filmwerkes an ausländische Verhältnisse. Der Filmhersteller muß hier einen gewissen Spielraum erhalten, um dem Filmwerk eine möglichst weite Verbreitung zu sichern, ohne die eine Einspielung der zu seiner Herstellung aufgewandten Kosten oft nicht möglich

104 Begründung zum Referentenentwurf, Das künftige Urheberrecht,S. 69.

105 UFITA, Bd.45 (1965), S. 320 ff.

sein wird. Der Entwurf schränkt daher den Schutz gegen Entstellungen in zweifacher Hinsicht ein. Die bei der Herstellung des Filmwerkes beteiligten Urheber und Schutzrechtsinhaber sollen in Ansehung des Filmwerkes Rechte aus den §§ 14 und 93 UrhG nur im Falle einer gröblichen Entstellung oder anderen Beeinträchtigung ihrer Werke oder Leistungen geltend machen können, und sie sollen verpflichtet sein, bei der Ausübung ihrer Rechte aufeinander und auf den Filmhersteller angemessene Rücksicht zu nehmen."[106]

Die in der Begründung des Regierungsentwurfes genannte Vorschrift des § 93 entspricht derjenigen des § 83 UrhG (Schutz der ausübenden Künstler vor Entstellungen). Der zitierte Passus betrifft den § 103 des Regierungsentwurfes, der der Vorschrift des § 93 UrhG von 1965 entspricht.

3. Meinungsstand zur Regelung des § 93 UrhG in der Literatur

In der Literatur fand die Begründung im Ergebnis fast einhellige Zustimmung. So vertritt etwa Arzt die Ansicht, das Filmwerk unterliege eigenen Gesetzen und sei rechtlich und wirtschaftlich selbständig. Diese Selbständigkeit dürfe nicht gefährdet werden. Die verzichtbaren wirtschaftlichen Verwertungsrechte müsse sich der Filmhersteller durch entsprechende Verträge sichern. Im Bereich des Urheberpersönlichkeitsrechtes erfordere die gewollte Eingliederung der für das Filmwerk erbrachten Einzelleistungen in das Gesamtwerk jedoch auch eine Unterwerfung unter die für das Filmwerk gegebenen Grundsätze.[107]

Gemäß v.Hartlieb wird man Änderungen am Filmwerk durch den Filmhersteller zuzulassen haben, die geeignet sein könnten, die wirtschaftlichen Auswertungschancen des Filmes zu verbessern, auch wenn hierdurch Beeinträchtigungen von Urheberpersönlichkeitsrechten eintreten könnten.[108]

Dietz weist demgegenüber auf Bedenken hin, die sich durch einen Vergleich zu anderen Bereichen moderner Medien oder des modernen Kunstbetriebes

---

106 Begründung des Regierungsentwurfes, UFITA Bd. 45 (1965), S.320 ff.

107 Möhring/Nicolini, § 93 Anm.1 b.

108 v. Hartlieb, S. 222.

ergeben, wo trotz eines oft ebenfalls erheblichen Kosteneinsatzes bei der "Produktion" von Werken und Darbietungen die Urheber keine vergleichbaren Nachteile hinnehmen müssen. Der entscheidende Gesichtspunkt sei jedoch auch hier eine der Sachlage gerechtwerdende Interessenabwägung, die bei der Filmproduktion dem erheblichen Einsatz technischer, organisatorischer und finanzieller Mittel von vornherein ein erhebliches Gewicht beizumessen habe.[109]

Bedenken verfassungsrechtlicher Art hat Ulmer. Seines Erachtens nach ist fraglich, ob eine Beschränkung des Urheberpersönlichkeitsrechts auf die Abwehr "gröblicher" Verletzungen von Ehre oder Ruf der Urheber mit dem verfassungsrechtlichen Schutz zu vereinbaren ist, unter dem das Persönlichkeitsrecht gemäß Art 1 und 2 GG steht. Er führt jedoch weiter aus, daß das Urheberpersönlichkeitrecht elastisch und nur in seinem Kern unverzichtbar sei. Daher sei beispielsweise auch bei der Dramatisierung eines Romans das Erfordernis der durch diese Umgießung bedingten Umgestaltung zu berücksichtigen, ohne daß das Gesetz in solchen Fällen von einer Beschränkung des Schutzes auf gröbliche Entstellungen spricht. Auch im Filmrecht wäre daher diese Formulierung besser gemieden worden. Der entscheidende Gesichtspunkt sei, daß gegebenenfalls eine der Sachlage gerecht werdende Interessenabwägung geboten ist.[110]

Eine Sondermeinung zur Auslegung des § 93 UrhG vertritt Hertin. Er führt an, der Gesetzgeber verließe mit der zusätzlichen Voraussetzung, daß die Entstellung oder Beeinträchtigung gröblich sein muß, in dem Bemühen, den Filmproduzenten tunlichst vor jeder Störung in der Auswertung des Filmwerkes zu sichern, die Grenzen der Gerechtigkeit. Auch der Bühnenunternehmer, der Schallplattenproduzent, der Verleger und das Sendeunternehmen gingen mit der Aufnahme, der Vervielfältigung oder Sendung eines Werkes oft wirtschaftliche Risiken ein, die dem Wagnis des Filmproduzenten kaum nachstünden. Um dem Filmproduzenten ein ungestörtes Arbeiten zu ermöglichen, hätte das Änderungsrecht des § 88 Abs.1 Nr.5 UrhG ausgereicht. Hertin begründet seine Ansicht weiterhin damit, daß Ruf und Ansehen eines Menschen allgemein und in Beziehung zu seinem Werk oder seiner Leistung Teil seiner Menschenwürde

109 Schricker/Dietz, § 93 Rdnr.2.

110 Ulmer, Lehrbuch, S. 203.

seien, die auch ohne besondere gesetzliche Regelung von Verfassung wegen geschützt sei. Auch habe der Urheber gemäß Art 6 ^{bis} der RBÜ das Recht, sich gegen jede Entstellung, Verstümmelung oder sonstige Änderung oder Beeinträchtigung zur Wehr zu setzen, die seiner Ehre oder seinem Ruf nachteilig sein könnten. Der Gesetzgeber könne mit § 93 UrhG weder die Verfassung noch die konventionsrechtliche Regelung außer Acht lassen. Es sei daher davon auszugehen, daß gröblich jede Entstellung oder sonstige Beeinträchtigung des Werkes oder der Leistung sei, die geeignet sei, das Ansehen oder den Ruf des Urhebers zu gefährden.[111]

4. Meinungsstand zur Regelung des § 93 UrhG in der Rechtsprechung

Die Rechtsprechung hat sich zur Regelung des § 93 UrhG - bis auf eine Ausnahme, das OLG München[112] - bisher nicht geäußert. Das OLG München stimmte dabei ebenso wie die h.M. in der Literatur der Begründung des Regierungsentwurfs zu. Auf die Bedenken Hertin's ging das OLG in seiner Entscheidung zwar ein, lehnte sie jedoch mit der Begündung ab, daß es jedem Urheber freistehe, bei Abschluß des Verfilmungsvertrages die dispositive Norm des § 93 UrhG außer Kraft zu setzen und einen stärkeren Schutz gegen Entstellungen zu vereinbaren.

Im Ergebnis ist dem OLG München zuzustimmen. Seiner Begründung kann jedoch nicht gefolgt werden. Denn für das Urheberpersönlichkeitsrecht gilt der allgemeine Grundsatz eines umfassenden Schutzes der geistigen und persönlichen Urheberbeziehungen zum Werk in § 11 UrhG mit der auch hier nur beispielhaft zu verstehenden Aufzählung der urheberpersönlichkeitsrechtlichen Befugnisse in den §§ 12 - 14 UrhG.[113] Ein umfassender Schutz ist jedoch nicht gewährleistet, wenn der Urheber auf die Möglichkeit verwiesen wird, eine vertragliche Regelung zu treffen, um sich angemessenen Schutz im Bezug auf sein Werk zu verschaffen. Hinzu kommt, daß die Urheber selbst zumeist über keinerlei oder nur wenig Kenntnis des Urheberrechts verfügen und daher die

---

111 In Fromm/Nordemann/Hertin, § 93 Rdnr.2 ff.

112 OLG München, GRUR 1986, S.461.

113 v.Gamm, Urheberrechtsgesetz, Einf. Rdnr. 2.

Vorschrift des § 93 UrhG nicht kennen. Juristische Hilfestellung bei der Vertragsgestaltung wiederum nimmt - bis auf die (wenigen) etablierten Filmurheber - kaum ein Filmurheber in Anspruch. Daher ist der Urheber besonders auf den umfassenden Schutz des Urheberrechts angewiesen.

5. Eigene Stellungnahme zur Regelung des § 93 UrhG

Die in § 93 UrhG vorausgesetzte "gröbliche" Entstellung oder Beeinträchtigung unterscheidet sich von der in § 14 UrhG vorausgesetzten "Beeinträchtigung und Entstellung" allein durch die Intensität des Eingriffs. Eine Prüfung der Intensität des Eingriffs findet bei den änderungsrechtlichen Regelungen des Urheberrechtsgesetzes erst jeweils bei der Interessenabwägung statt.[114] Im Falle des § 14 UrhG entscheidet ebenso wie im Falle des § 93 UrhG die Interessenabwägung, ob der Urheber den Eingriff hinzunehmen hat oder nicht. Bei der Prüfung des § 93 UrhG hat der Gesetzgeber jedoch einen Vorrang der Interessen des Filmherstellers vorgesehen. Dieses Wertungskriterium ist gerechtfertigt und müßte auch dann, wenn die Spezialregelung des § 93 UrhG nicht bestehen würde, bei einer Interessenabwägung nach § 14 UrhG zum Tragen kommen. Denn bei einer Interessenabwägung nach § 14 UrhG sind finanzielle Interessen des Werknutzungsberechtigten grundsätzlich zu berücksichtigen.[115] Im Fall der Filmherstellung hieße dies, daß der Einsatz technischer, organisatorischer und finanzieller Mittel auch nach § 14 UrhG im Rahmen der Interessenabwägung zu würdigen wäre. Um dies für den Filmhersteller, der das zum Teil erhebliche finanzielle Risiko der Filmherstellung allein zu tragen hat, ganz klar und zweifelsfrei zu stellen, hat der Gesetzgeber die Regelung des § 93 UrhG geschaffen.

Die Vorschrift des § 93 UrhG hat daher keinen eigenen Regelungsgehalt. Vielmehr stellt § 93 UrhG nur klar, daß der Einsatz der finanziellen, technischen und organisatorischen Mittel durch den Filmhersteller bei der Interessenabwägung ausreichend zu berücksichtigen ist. Bei einer sachgerechten Anwendung des § 14 UrhG müßte man aber zum gleichen Ergebnis gelangen, wie bei einer Anwendung des § 93 UrhG.

114 Dazu ausführlich oben B.II.3.

115 Schricker/Dietz, § 14 Rdnr. 31.

Die Bedenken, die die Literatur, insbesondere Hertin und Ulmer gegen die Regelung des § 93 UrhG hegt, sind bei näherer Überprüfung auszuräumen. So findet etwa der von Ulmer in Frage gestellte verfassungsrechtliche Schutz unter dem das Persönlichkeitsrecht gemäß Art 1 und 2 GG steht, Eingang in die Interessenabwägung und muß in diesem Rahmen angemessen gewürdigt werden.

Weiterhin ist der deutsche Gesetzgeber nicht verpflichtet, die Rechte der RBÜ als bindendes Mindestrecht anzusehen. Das Rangverhältnis zwischen einem internationalen Vertrag und dem nationalen Recht wird durch das Verfassungsrecht jedes Mitgliedsstaates entschieden.[116] In der Bundesrepublik Deutschland gehen nur die "allgemeinen Regeln des Völkerrechts" den Gesetzen vor (Art 25 S. 2 GG). Grundsätzlich gilt daher das Prinzip der Gleichrangigkeit sowie die allgemeine Rechtsregel "lex posterior derogat legi priori"[117] Zwar soll im Wege einer völkerrechtsfreundlichen Auslegung des innerstaatlichen Rechts ein Widerspruch zu konventionsrechtlichen Regeln vermieden werden[118], eine ausdrückliche Bindung des Gesetzgeber besteht jedoch nicht.

Darüberhinaus ist auch das Entstellungeverbot des Art.6 bis RBÜ an eine Interessenabwägung geknüpft. Da diese Interessenabwägung anhand derselben Kriterien vorzunehmen ist, wie eine Interessenabwägung nach § 93 UrhG ist es im Hinblick auf das Ergebnis unerheblich, ob der Entstellungsschutz des Art 6 bis RBÜ oder aber des § 93 UrhG gewährt wird.

Auch der Vergleich zu anderen Bereichen moderner Medien ist so, wie ihn Hertin darstellt, nicht zu ziehen. Die Herstellkosten eines deutschen (Lang-) Filmes beziffern sich derzeit im Durchschnitt auf etwa 2,5 Mio DM.[119] Ein Verleger, Schallplattenhersteller oder Bühnenunternehmer wird nur in ganz besonderen Ausnahmefällen ein solches Budget aufzubringen haben. Hinzu kommt, daß im Rahmen der Interessenabwägung nach § 14 UrhG auch das

116 Schricker/Katzenberger, vor §§ 120 ff. Rdnr.67.

117 BGHZ 11, 135/138.

118 Nordemann/Vinck/Hertin, Internationales Urheberrecht, 1977, Einl. Rdnr.34.

119 Vgl. "Die Filmwirtschaft in der Bundesrepublik Deutschland - eine Strukturuntersuchung - ", Gutachten des Deutschen Instituts für Wirtschaftsforschung, Tabelle M 7.

jeweilige finanzielle Risiko des Unternehmers gebührend berücksichtigt werden muß, so daß dem Unternehmer auch hier ein weiterer Freiheitsspielraum bei Änderungen oder Beeinträchtigungen von Werken eingeräumt werden wird.

6. Interessenabwägung nach § 93 UrhG

Die Interessenabwägung des § 93 UrhG entspricht der Interessenabwägung nach § 14 UrhG. Auch im Rahmen der Interessenabwägung nach § 93 UrhG sind die Interessen der Urheber den Interessen des Filmherstellers gegenüberzustellen. Einzelkriterien bei der Interessenabwägung sind insbesonders:

6.1. Gestaltungshöhe des Filmwerkes

Die Gestaltungshöhe des Filmwerkes ist bestimmt durch den Grad der schöpferischen Eigenart des Filmes.[120] Die schöpferische Eigenart des Filmes, also die Individualität, kann im Filmwerk in sehr unterschiedlichem Maße zutage treten.[121] In ihrer stärksten Form kann die Individualität des Filmwerkes so prägend sein, daß der Filmregisseur als Urheber des Filmwerkes erkennbar wird, "daß es den Stempel seiner Persönlichkeit"[122] trägt.[123] Zur Begründung des Urheberrechtsschutzes genügt dabei jedoch ein weit geringeres Maß der geistig-schöpferischen Leistung. Bei Spielfilmen wird regelmäßig ein ausreichendes Maß an geistig-schöpferischer Leistung gegeben sein, um urheberrechtlichen Schutz zu begründen.[124]
Der Grad der Gestaltungshöhe, der dem Regisseur zuzurechnen ist, bestimmt sich danach, wie der Regisseur die Geschichte und die Angaben des Drehbuchs in filmische Bilder umgesetzt hat, wie er die innere Form des Filmwerkes geschaffen hat, wie er welche Gestaltungsmittel[125] eingesetzt hat. Der Grad der

120 Schilcher, S 109.

121 Schricker/Loewenheim, § 2, Rdnr.16.

122 Ulmer, Lehrbuch, S. 124.

123 Dies ist etwa bei den Filmen von Frederico Fellini und Wim Wenders der Fall. Vgl. hierzu ausführlich, Monaco, Film verstehen, 1990, S. 297-300.

124 So auch Schricker/Loewenheim, § 2, Rdnr. 119.

125 Die filmischen Gestaltungsmittel werden unten im Zusammenhang mit der Prüfung der einzelnen Veränderungen erörtert.

Individualität muß somit nach objektiven Gesichtpunkten bestimmt werden. Die rein ästhetische oder künstlerische Gestaltung kann nicht Maßstab der Individualität sein, insbesondere da diese nicht objektiv bestimmbar und damit nicht justiziabel ist.[126]

Da eine Entstellung des Werkes desto eher eintreten kann, je größer die Individualität der Schöpfung ist, ist der Grad der eigenschöpferischen persönlichen Leistung, die im Werk zum Ausdruck gekommen ist, bei der Interessenabwägung von erheblicher Bedeutung.[127]

6.2. Die Intensität des Eingriffs in das bestehende Filmwerk

Die Intensität des Eingriffs richtet sich nach dem Grad der Veränderung des im Filmwerk zum Ausdruck kommenden geistig-schöpferischen Gesamteindrucks. Je mehr der geistig-schöpferische Gesamteindruck des Filmwerkes verändert wird, umso schwerer ist der Eingriff in das Filmwerk. Der Grad der Veränderung bestimmt also die Schwere der Interessenverletzung.[128] Der geistig-schöpferische Gesamteindruck eines Filmwerkes wird durch verschiedenste filmische Aspekte beeinflußt. Der Zuschauer nimmt diese Aspekte häufig nicht bewußt wahr. Für die Gesamtwirkung des Filmes können diese Aspekte jedoch von größter Bedeutung sein.

Die filmischen Aspekte, die durch die derzeit gängigen Veränderungen am fertiggestellten Filmwerk berührt werden, werden unten im Zusammenhang mit der Prüfung der einzelnen Veränderungen erörtert.

---

126 Grohmann, S. 37; vgl. zur Bewertung von Filmen ausführlich Jarvie, S. 201 ff.

127 Möhring/Nicolini, § 14 Anm.3; ebenso BGH GRUR 1976, S.199.

128 Vgl. Schilcher, S. 105, jedoch nicht spezifisch zum Filmurheber bzw. Regisseur.

6.3. Wirtschaftliche Interessen des Filmherstellers

Grundsätzlich sind bei der Interessenabwägung wirtschaftliche Interessen mit zu berücksichtigen.[129] Bei der Filmproduktion nehmen die wirtschaftlichen Interessen einen erheblichen Stellenwert ein, da der Filmhersteller im Vergleich zu anderen modernen Medien oder des Kunstbetriebes erheblich höhere Aufwendungen tätigen muß.

Der Filmhersteller muß das Filmprojekt vorfinanzieren, d.h. er muß sehr hohe Beträge[130] beibringen, bevor das Filmprojekt überhaupt begonnen werden kann.[131] Zu diesem Zeitpunkt kennt der Filmhersteller weder das filmische Ergebnis des Projektes, noch weiß er, ob das filmische Ergebnis Resonanz beim Zuschauer findet, noch ob die Einspielergebnisse die Herstellungskosten[132] decken. Das Risiko, daß der Film keine Resonanz beim Publikum findet, ist dabei sehr hoch. So hatten 1989 über 60% der deutschen Erstaufführungen im Kino weniger als 20.000 Zuschauer[133] und konnten damit kaum ihre Vorkosten (insbesondere Werbung und Filmkopien) einspielen. Nur 7 von insgesamt 79 Erstaufführungen konnten über 500.000 Besucher verbuchen.[134] Klingsporn hat in einem Modell nachgewiesen, daß der Filmhersteller selbst bei einem weit

129 So auch Schricker/Dietz, § 14, Rdnr.31; a.A etwa Hertin in Fromm/Nordemann, § 14 Rdnr. 5, nach dessen Ansicht die Abwägung im Fall einer Entstellung stets zugunsten des Urhebers ausfallen muß. Ein höheres Interesse (also auch ein vermögensrechtliches Interesse) eines Dritten ist für ihn nicht denkbar.

130 In Deutschland liegen die Herstellungskosten für einen Langfilm bei derzeit DM 2,5 Mio. Bereits 1977 lagen die durchschnittlichen Herstellungskosten in Amerika für einen Spielfilm bei 5 Millionen Dollar, so Monaco, American Film Now, 1985, S. 20.

131 Der Produktionsablauf geht in der Regel folgendermaßen vor sich: Der Filmhersteller initiiert den Film, indem er entweder ein fertiges Drehbuch kauft oder aber die Rechte an einem Buch oder einem Manuskript kauft und daraus ein Drehbuch verfassen läßt. Anhand dieses Drehbuches läßt er einen provisorischen Kostenvoranschlag machen und versucht schließlich, für sein Projekt Geldgeber zu finden, vgl. hierzu Jarvie, Struktur und Funktion der Filmindustrie, 1974, S. 44.

132 Als Faustregel gilt, daß der Film dreimal seine Herstellungskosten einspielen muß, um Gewinn zu machen. Dies kommt daher, daß die Kinobesitzer die Nettoeinspielergebnisse mit dem Filmverleiher etwa teilen. Von diesen Einnahmen des Filmverleihers bekommt der Filmproduzent dann etwa 60 bis 70% überwiesen.

133 Klingsporn, Abgekoppelt vom Markt, Film und Fakten 13/1990, S. 30.

134 Klingsporn, a.a.O., S. 31.

überdurchschnittlichen Potential von 100.000 Besuchern noch keinen Gewinn macht.[135]

Die Filmhersteller müssen deshalb zur Maximierung ihres Ertrages jede Absatzmöglichkeit ihrer Filme wahrnehmen, um den aufgewendeten Kosten möglichst hohe Erträge gegenüberstellen zu können.[136] In erster Linie ist der Filmhersteller daher an einer gewinnbringenden Verwertung des Filmes interessiert.[137,138]

6.4. Vorgesehene Verwertung des Filmwerkes

Im Rahmen der Interessenabwägung spielt der vorgesehene Verwertungszweck eine erhebliche Rolle, insbesondere dann, wenn die vorgesehene Verwertung bereits vor Beginn der Dreharbeiten im Regievertrag festgelegt worden ist. Durch den Zweck der Übertragung werden nicht nur die Befugnisse des Nutzungsberechtigten, sondern auch das Recht des Urhebers auf Werkintegrität eingeschränkt. Denn wenn der Urheber eine bestimmte Verwendung seines Werkes gestattet, muß er die dadurch bedingten Änderungen seines Werkes akzeptieren.[139] Generell kann daher von dem Grundsatz ausgegangen werden, daß solche Änderungen eines Werkes, die der sachgerechten Verwertung im

135 Klingsporn, a.a.O., S. 30.

136 Zu den Kostenproblemen bei der Filmherstellung ausführlich: Pichert, Kostenprobleme der Filmproduktion, 1975.

137 Vgl. zur Beziehung zwischen Filmproduzent und Regisseur den Vortrag von Rohrbach, Die verhängnisvolle Macht der Regisseure, abgedruckt in Kameramann Nr. 4 Jahrgang 32, 1983, S.172 ff.

138 Demgegenüber steht der Filmregisseur. Dieser trägt kein finanzielles Risiko. Vielmehr verdient er meist hohe Summen für seine Tätigkeit, egal, ob der Film ein Erfolg wird oder nicht.(Etwas anderes gilt dann, wenn der Regisseur an den Einspielergebnissen beteiligt wird.) Er hat daher in der Regel ein rein künstlerisches Interesse an seiner Tätigkeit. Der kommerzielle Erfolg interessiert ihn zwar auch, wird jedoch in den meisten Fällen an zweiter Stelle stehen. Andererseits ist er zunächst abhängig vom Filmhersteller, da der Regisseur im Vergleich zu anderen Künstlern erst mit seiner schöpferischen Tätigkeit beginnen kann, wenn ihm die erforderlichen finanziellen und technischen Mittel zur Verfügung gestellt werden. Er ist in aller Regel also von der Finanzierung seines Werkes durch den Filmhersteller abhängig.

139 Schricker/Dietz, § 39 Rdnr. 15.

Rahmen der mit dem Urheber getroffenen Vereinbarung dienen, gerechtfertigt sind.[140]

Jedoch ist der Rahmen, in dem sich die zulässigen Änderungen bewegen können, auch hier eng zu ziehen. Die Änderung darf in die urheberpersönlichkeitsrechtlichen Interessen nicht stärker eingreifen, als dies zur Erreichung des Zweckes unbedingt erforderlich ist. So rechtfertigt die Aussicht auf eine bessere wirtschaftliche Verwertung natürlich nicht grundsätzlich jede Änderung des Filmwerkes.[141] Ein Filmwerk kann etwa nicht deshalb verändert werden, weil es in der bestehenden Fassung keine Publikumsresonanz findet. Ebensowenig kann der Filmhersteller ein überlanges Filmwerk kürzen, weil er Probleme hat, ein Filmtheater zu finden, daß den Film vorführt.

Andererseits kann der Filmregisseur, der die Rechte zur fernsehmäßigen Nutzung des Filmes auf den Filmhersteller übertragen hat, nicht verhindern, daß der Film im Fernsehen gezeigt wird, auch wenn der Film auf der wesentlich kleineren Bildschirmfläche[142] nicht entsprechend seiner Vorstellung zur Geltung kommt.

6.5. Auflagen durch Entscheidungen der Gerichte, der Freiwilligen Selbstkontrolle der Filmwirtschaft und der SPIO-Juristenkommission

In engem Zusammenhang mit dem Wertungskriterium der vorgesehenen Verwertung des Filmwerkes steht die Verwertbarkeit eines Werkes im Rahmen der Entscheidungen der Gerichte, der Freiwilligen Selbstkontrolle der Filmwirtschaft und der SPIO-Juristenkommission.

Die **Freiwillige Selbstkontrolle der Filmwirtschaft** (FSK) ist eine privatrechtlich organisierte Selbstkontrolle, die einen Mißbrauch der Filmfreiheit zu vermeiden versucht.[143] Die FSK überprüft praktisch sämtliche Filme, die in

140 Schilcher, S. 111.

141 A.A. v.Hartlieb, S. 222, der alle Änderungen am Filmwerk zulassen will, die geeignet sein könnten, die wirtschaftlichen Auswertungschancen zu verbessern.

142 Nicht zu verwechseln mit der Formatanpassung, die später behandelt wird.

143 Hierzu ausführlich v. Hartlieb, Kapitel 17.

Filmtheatern vorgeführt werden, hinsichtlich ihrer Freigabe für Erwachsene, für Jugendliche und für stille Feiertage. Zusätzlich führt sie eine freiwillige Vorprüfung des Werbematerials für die Filme durch. Die Videoprogrammanbieter haben sich durch eine Satzungsvorschrift ihres Bundesverbandes verbindlich verpflichtet, ihre Videofilme der FSK zur Vorprüfung auf Kinder- und Jugendfreigabe vorzulegen.

Die **SPIO-Juristenkommission** (JK) hat unter anderem die Aufgabe, bei Filmen, die den Prüfungsmaßstäben der FSK nicht standhalten, eine rechtliche Begutachtung dahingehend abzugeben, daß der Film in der von der JK freigegebenen Fassung nicht gegen strafrechtliche Vorschriften verstößt.[144]

Auflagen, insbesondere Schnittauflagen, die von der Freiwilligen Selbstkontrolle der Filmwirtschaft (FSK) oder der JK oder aber von den Gerichten an die Freigabe des Filmes geknüpft werden, hat der Filmregisseur im Regelfall zu dulden, da deren Ausführungen die Voraussetzung für eine ordnungsgemäße Filmauswertung bildet.[145] Die Frage, ob dies auch für Schnitte gilt, die von den zuständigen Institutionen für eine Kinder- oder Jugendfreigabe des Filmes verlangt werden, falls diese Kinder- oder Jugendfreigabe die Auswertungschancen des Filmes verbessern, ist entgegen der Meinung von v.Hartlieb[146] nicht grundsätzlich zu bejahen. Es kommt hier wiederum auf den ursprünglichen Verwertungszweck an. Hat der Filmhersteller den Regisseur etwa beauftragt, einen Kinderfilm herzustellen, so sind Änderungen, ohne die eine Freigabe für Kinder nicht erfolgt, vom Regisseur hinzunehmen. Andererseits sind Änderungen nicht grundsätzlich hinzunehmen, wenn ein für Erwachsene tendierter Film die Jugend- oder Kinderfreigabe nicht erhält. Hier kommt es auf den Einzelfall an. Da jedoch jeder Filmregisseur bei der Übertragung von Verwertungsrechten von der Existenz der FSK und der JK weiß, wird er Änderungen im Zweifel dulden müssen.

---

144 Hierzu ausführlich v. Hartlieb, Kapitel 19.

145 v. Hartlieb, S.222.

146 v. Hartlieb, S.222.

6.6. Anmerkung

Die vorgenannten Einzelkriterien können nur als Rahmen dienen, der der Ausfüllung in jedem Einzelfall bedarf. Auch erhebt die Aufzählung der Einzelkriterien keinerlei Anspruch auf Vollständigkeit. Gerade im Rahmen einer auf den jeweiligen Einzelfall bezogenen Abwägung können sich immer wieder Konstellationen ergeben, die eine Beurteilung weiterer, hier nicht aufgeführter Kriterien erforderlich machen.

7. Rechtsprechung zum Beeinträchtigungs-und Entstellungsverbot im Bereich der Herstellung und Verwertung eines Filmwerkes

Es gibt bisher keine veröffentlichte Entscheidung, die sich mit der Veränderung an fertiggestellten Filmwerken befaßt. Jedoch gibt es einige Entscheidungen zum änderungsrechtlichen Problemkreis bezüglich der Herstellung und Verwertung von Filmen. Die Rechtsprechung hat ihre Entscheidungen hier grundsätzlich aufgrund einer allgemeinen Interessenabwägung getroffen. Das Landgericht München I ist in einer Entscheidung von 1969[147] sogar soweit gegangen, die Vorschrift des § 93 UrhG ganz außer Acht zu lassen - obwohl es sich eindeutig um die Herstellung eines Filmwerkes gehandelt hat - und hat allein aufgrund der Vorschriften des § 14 UrhG entschieden. Es ging dabei um einen Dokumentarfilm bei dem die Entstehung eines Liedes von den Proben an gezeigt wurde. In dem Film wurde nun der Originalton, d.h. der unmittelbar während der Filmaufnahmen auf das Magnetophonband mitgeschnitte Ton, eingeblendet. Dagegen wandte sich der Komponist des Liedes, der das Lied nur als Playbackaufnahme in dem Film verwendet sehen wollte, da die Tonqualität des Liedes dann natürlich wesentlich höher ist. Das Landgericht München I nahm hier eine Interessenabwägung im Rahmen des § 14 UrhG vor und kam damit zu einem Schluß, der die Interessen des Filmherstellers gebührend berücksichtigt, ohne hierzu auf das durch § 93 UrhG vorgegebene Wertungskriterium einzugehen. Es hat die Klage des Komponisten zutreffend mit der Begründung abgelehnt, daß die Originalton-Wiedergabe des Stückes auf der dem Film zugrundeliegenden dramaturgischen Konzeption absolut wirklichkeitsgetreuer Wiedergabe des Handlungsablaufs in dem Film beruhe.

147 UFITA Bd.56 (1970), S.354 ff.

Der Betrachter würde die geminderte Tonqualität des Liedes in erster Linie auf die dokumentarische Wiedergabe und nicht auf eine etwa fehlerhafte Komposition des Komponisten zurückführen.[148]

Eine gröbliche Entstellung bejaht hat unter anderem das OLG München[149] bezüglich der Verfilmung des Romans "Die unendliche Geschichte" von Michael Ende. Ausgangspunkt des Rechtsstreits war folgende Veränderung, die die Geschichte, die der Roman beschreibt, durch die Verfilmung erfuhr: Im Roman wird die Hauptfigur der Geschichte, der junge Bastian, durch das Lesen eines aufregenden Buches aus dem Höhepunkt seiner Lebenskrise herausgeführt. Bastian gelangt nämlich während des Lesens in seiner Phantasie in das Reich Phantasien, um dieses zu retten. Die Abenteuer, die Bastian dann in Phantasien erlebt, sind bezogen auf die inneren Wünsche und Einstellungen Bastians. Er lernt in einer langen Läuterungs- und Leidensphase, daß ihn seine Wünsche und Träume in die Irre führen; er lernt, sich selbst zu nehmen, wie er ist, und er spürt die Liebe zu seinem Vater.

In dem Film nun wurde die Geschichte dahingehend verändert, daß die Schlußszene den Bastian zeigt, der von dem Drachen "Fuchur" im Reich Phantasien nach einem weiteren Wunsch gefragt wird. Daraufhin fegen der Drache mit Bastian auf dem Rücken im Tiefflug durch die Straßen von Bastians Heimatstadt und versetzen damit Bastians Schulkameraden in Angst und Schrecken, so daß diese schließlich in eine Mülltonne fliehen. Die Phantasie wird damit plötzlich Wirklichkeit. Im Roman war dies jedoch nicht vorgesehen. Nach der zutreffenden Ansicht des OLG München handelt es sich bei dieser Veränderung um eine gröbliche Entstellung des ursprünglichen literarischen Werkes, denn durch die Schlußszene erführe der Film eine Wendung, die dem Wesen, dem Geist, dem Charakter, der Tendenz des Buches völlig zuwider liefe, also eine Sinnentstellung enthielte.[150] Durch diese Schlußszene würde das Werk des Schriftstellers, dessen Gegenstand die Auswirkungen innerer Vorgänge von Menschen - nämlich die Betätigung von Phantasie einerseits und die Ausschaltung der Phantasie andererseits - auf den jeweiligen Menschen und sein

148 Vgl. UFITA Bd.56 (1970),S. 357.

149 OLG München, GRUR 1986, S. 460 ff.

150 OLG München, GRUR 1986, S.462.

Verhältnis zu seiner Umwelt wären, entstellend verfälscht in eine x-beliebige Fantasy-Geschichte. Diese Entstellung träfe den geistig-ästhetischen Gesamteindruck des Werkes des Schriftstellers.[151]

Eine gröbliche Beeinträchtigung wurde weiterhin in folgendem vom KG zu beurteilenden Fall bejaht:
Eine Drehbuchautorin hatte ein von ihr als drehfertig bezeichnetes Drehbuch eines von ihr geschaffenen Kriminalspiels für ein Fernsehunternehmen geschrieben. Die Fernsehanstalt, bzw. ein beauftragter Dramaturg, versah dieses Kriminalspiel nun mit Zitaten von Oscar Wilde, die völlig unmotiviert an verschiedenen Stellen des Kriminalspieles eingefügt wurden und die Atmosphäre des Kriminalspieles völlig veränderten. Dies wurde vom KG als gröbliche Entstellung des Drehbuches gewertet. Darüberhinaus wurde in diesem Fall auch die Geschichte selbst verändert, indem ein wesentlicher Gedanke des Stückes in der Handlung des Fernsehfilms weggelassen wurde. Auch diese Veränderung wurde als gröbliche Entstellung bezeichnet.

In einem Urteil des Landesarbeitsgerichts Berlin[152], in dem es um die Bestimmung der Filmmusik durch einen Filmregisseur ging, wurde der Antrag des Filmregisseurs auf Erlaß einer einstweiligen Verfügung unter anderem unter Hinweis auf das Gebot der Rücksichtnahme auf den Filmhersteller (§ 93 Abs.2 UrhG) abgelehnt. Hier war der Filmregisseur vertraglich berechtigt worden, die Filmmusik des herzustellenden Filmes auszuwählen. Der Filmhersteller verwendete dann jedoch auch andere als die vom Regisseur ausgewählten Musikstücke für den Film.

8. Rechtsfolgen bei Vorliegen einer gröblichen Entstellung

Liegt eine gröbliche Beeinträchtigung oder Entstellung im Sinne des § 93 UrhG vor, so richten sich die Rechtsfolgen nach den §§ 97 ff. UrhG.

§ 97 UrhG gewährt bei Urheberrechtsverletzungen im persönlichkeitsrechtlichen Bereich einen Unterlassungsanspruch, einen Beseitigungsanspruch - jedoch nur

151 OLG München, GRUR 1986, S.463.

152 Abgedruckt in Schulze ArbG Nr. 6.

in den Fällen, in denen eine fortdauernde Gefährdung nicht durch bloßes Unterlassen beseitigt werden kann[153] - sowie einen Schadensersatz-,Auskunfts- und Rechnungslegungsanspruch. Unterlassungsanspruch und Beseitigungsanspruch bestehen dabei unabhängig vom Verschulden; der Schadensersatzanspruch setzt dagegen Verschulden voraus.[154]

Im Hinblick auf den hohen finanziellen Aufwand bei der Herstellung eines Filmwerkes sind auch die Rechtsfolgen der gröblichen Entstellung anhand einer Interessenabwägung zu bestimmen. Dies kann unter Umständen dazu führen, daß ein Unterlassungs- oder Beseitigungsanspruch durch den Anspruch auf Zurückziehung des Namens ersetzt wird.[155]

---

153 Schricker/Wild, § 97, Rdnr. 46.

154 Schricker/Wild, § 97, Rdnr. 47.

155 v.Hartlieb, S. 222.

Teil 2

Veränderungen[1] *an fertiggestellten Filmwerken und ihre Zulässigkeit im Hinblick auf das Urheberpersönlichkeitsrecht des Filmregisseurs*

A. Formatanpassungen

I. Allgemeines

Kino- und Fernsehfilme unterscheiden sich dadurch, daß sie in verschiedenen Formaten fotografiert und wiedergegeben werden. So verhält sich beim Fernsehbildschirm die Höhe zur Breite ca. wie 1:1,33. Kinofilme dagegen werden in der Regel in sogenannten Breitwandformaten gedreht[2]. Die üblichen

---

1 Behandelt werden im Rahmen dieser Arbeit die in der Bundesrepublik derzeit vorgenommenen Änderungen sowie die Verbreitung von im Ausland veränderten Filmen. In den USA werden außer den hier erwähnten Veränderungen noch Laufzeitanpassungen (time compression/time expansion) und Herausschneiden (cutting) und Hinzufügen (adding) von Filmteilen vorgenommen. Laufzeitanpassungen dienen insbesondere dazu, die Laufzeit von Kinofilmen, die im Fernsehen gezeigt werden, zu kürzen, damit die Einblendung von Werbespots während der an sich regulären Filmlaufzeit ermöglicht wird. Weiterhin dient die Laufzeitanpassung dazu, Filme, die in Flugzeugen gezeigt werden, den Flugzeiten anzupassen. Zur Laufzeitverkürzung wird die Filmlaufzeit komprimiert, indem die Laufgeschwindigkeit je nach Szenen zwischen 2% und 7% erhöht wird. So wurde etwa der Film "Amadeus" von einer Produktionsfirma in den USA in einigen Szenen um 3% bis 4%, während der Schlußsegmente um 7% beschleunigt, damit Platz für Werbespots zur Verfügung gestellt werden konnte. Der Film wurde Anfang 1988 in der komprimierten Fassung über 200 Stationen in den USA ausgestrahlt. Die durch die Veränderung der Laufgeschwindigkeit bedingte Veränderung der Tonhöhe wurde mit hierfür entwickelten Geräten korrigiert. Die Erhöhung der Laufgeschwindigkeit wurde in diesem Fall vorgenommen, da sich Milos Forman nur unter der Bedingung mit der Ausstrahlung seines Filmes einverstanden erklärt hatte, daß der Film ungekürzt ausgestrahlt werden würde, um die künstlerische Vollständigkeit zu bewahren. (Ob dies in der laufzeitgekürzten Fassung der Fall gewesen ist, dürfte aber sehr fraglich sein) vgl *Kameramann* Jahrgang 37 Nr. 10,S.68; vgl auch *v. Lewinski/Dreier*, Kolorierung von Filmen, Laufzeitveränderung und Formatanpassung: Urheberrecht als Bollwerk? GRUR Int.8/9 1989, S.635,636 Eine andere Möglichkeit der Zeitanpassung von Filmen ist das Wegschneiden und Hinzufügen von Filmteilen. Dadurch werden Filme nachträglich verlängert, indem Szenen des Filmes später als Rückblenden nochmals gezeigt werden, oder aber verkürzt, indem Filmteile, die als nicht wesentlich angesehen werden herausgeschnitten werden.

2 Grund dafür ist, daß das Format 1:1,33 in keiner Weise dem menschlichem Sehverhältnis entspricht,vgl. hierzu Betzold in Kameramann, Nr. 9, September 1987, S. 48.

Breitwandformate verhalten sich wie 1:1,66 bzw. wie 1:1,85[3]. Verschiedentlich werden darüber hinaus Filme im Format 1:2,35, dem sog. "Cinemascope"-Format gedreht.[4]

Soll nun ein Breitwandfilm im Fernsehen oder auf Videokassetten ausgewertet werden, so stellt sich das Problem, daß der Breitwandfilm nicht in das Format des Fernsehbildschirmes "paßt".

Im deutschen Fernsehen wird dieses Problem häufig dadurch gelöst, daß der Film (fast)[5] in seiner ganzen Breite gezeigt wird. Dadurch entstehen am oberen und unteren Bildschirmrand schwarze Streifen. Bei Breitwandfilmen im Format 1:1,66 sind die Streifen relativ dünn, je ca. 10% der Gesamthöhe oben und unten. Beim Format 1:1.85 machen die Streifen jedoch bereits je ca. 15% der Gesamthöhe oben und unten, also etwa ein Drittel der gesamten Bildhöhe aus. Wird der volle Bildinhalt eines Filmes im Cinemascope-Format im Fernsehen übertragen, so füllen die dabei entstehenden schwarzen Streifen zusammen nahezu die Hälfte der Bildhöhe aus.[6]

Da die schwarzen Streifen am oberen und unteren Bildschirmrand vom Fernseh- und Videopublikum angeblich als störend empfunden werden, sind insbesondere private Fernsehanstalten sowie die Videoprogrammanbieter dazu übergegangen, auch Breitwandfilme im sogenannten Vollbild auszustrahlen. Vollbild bedeutet,

---

3 In welchem Format ein Kinofilm gedreht wird, hängt auch davon ab, in welcher Höhe Geldmittel durch eine Fernsehanstalt zur Verfügung gestellt werden. Wird ein Kinofilm zu einem hohen Prozentsatz von Fernsehanstalten finanziert, so wird der Film meist im Format 1:1,66 gedreht, da dieses Format dem Fernsehformat von 1:1,33 noch am nächsten kommt.

4 Das Cinemascope-Format wird eingesetzt, um das Kinobild erheblich zu verbreitern und dem natürlichen Sehwinkel des menschlichen Auges anzupassen,vgl. Film und Fakten, Mai 1988, S.24. Es gibt darüberhinaus noch weitere Filmformate, etwa das 70 mm Todd-AO-Format, die jedoch unüblich sind und daher in dieser Arbeit keinen Raum finden. (Fritz Lang sagte angeblich einmal, daß das Cinmascope-Format gut sei, um Schlangen oder Begräbnisse zu fotographieren oder eine Reihe von Indianern, die auf einem Hügel zum Angriff reiten, so Fleck in "Kameramann", Nr. 9,September 1987, S.52.)

5 Um diese Streifen etwas zu schmälern, werden bei der Ausstrahlung im Fernsehen häufig links und rechts ein schmaler Streifen des Bildes weggelassen.Es bleibt am oberen und unteren Bildschirmrand dann zwar immer noch ein schwarzer Streifen, dieser ist jedoch etwas schmaler und das belichtete Bild etwas höher.

6 Dennoch werden gelegentlich Filme im Cinemascope-Format ohne Formatanpassung im Fernsehen gezeigt.

daß der Fernsehbildschirm gefüllt ist und keine schwarzen Streifen am oberen und unteren Bildschirmrand zu sehen sind. Um ein solches Fernseh-Vollbild zu erreichen, müssen die Breitwandfilme formatangepaßt werden.

II. Technik der Formatanpassung

Soll ein Breitwandfilm im Vollbild im Fernsehen gezeigt bzw. auf Videokassetten vervielfältigt werden, so erfolgt in der Regel zunächst ein Transfer des Filmes auf eine sogenannte MAZ[7], ein Magnetband, das durch elektronisches Abtasten der Filmkopie mit einem entsprechenden Bild und Ton versehen wird.[8] Diesen Vorgang nennt man Abtastung. Bei der Abtastung können Filme im Breitwandformat dem Fernsehformat angepaßt werden. Dies kann auf zwei verschiedene Arten geschehen:

Bei der Abtastung wird auf beiden Seiten je ein gleichbreiter Streifen von der auf dem Film belichteten Bildinformation abgeschnitten. Dies ist bei Filmen, die im Format 1:1,66 gedreht worden sind relativ problemlos, da nur ein sehr kleiner Streifen rechts und links wegfällt. Als fiktives Beispiel je ein Einzelbild aus dem - im Format 1:1,66 gedrehten - Spielfilm "Malina" von Werner Schroeter im Format 1:1,66 und zur Veranschaulichung von mir geschnitten in das Fernsehformat 1:1,33 (Abbildung 1).

Jedoch bei Filmen, die im Format 1:1,85 gedreht worden sind, bereitet dies häufig Schwierigkeiten, da hier bereits ein wesentlich breiterer Streifen links und rechts weggelassen werden muß, um im Fernsehen das Vollbild zu erreichen. Problematisch sind dabei insbesondere der Titel, bzw. der Titelvorspann mit den Nennungen der beteiligten Filmschaffenden. Als fiktives Beispiel je ein Einzelbild aus dem - im Format 1:1,85 gedrehten - Spielfilm "Better Days Ahead" von Carlos Diegues im Format 1:1,85 und zur Veranschaulichung von mir geschnitten in das Fernsehformat 1:1,33 (Abbildung 2).

7 Magnetische Aufzeichnung.

8 Der Transfer des Kinofilmes auf eine MAZ ist keine technische Notwendigkeit, wird jedoch aus Sicherheitsgründen in der Regel gemacht, da die Gefahr, daß der Film während der Ausstrahlung reißt, dadurch gebannt ist.

Auch Filme im Cinemascope-Format werden dem Fernsehformat dadurch angepaßt, daß links und rechts des Bildes jeweils ein gleichbreiter Streifen "abgeschnitten" wird. Die vollständige Ausnutzung des Fernsehbildschirmes wird beim Film im Cinemascope-Format jedoch erst dann erreicht, wenn rund die Hälfte des Filmbildes - links und rechts also je ein Viertel der Gesamtbreite - weggelassen wird. Eine solche Art der Formatanpassung führt jedoch dazu, daß der Fernseh- bzw. Videozuschauer das, was nicht gerade mitten im Bild passiert, nicht zu sehen bekommt (Abbildung 3).

Der Zuschauer kann die Filmhandlung so jedoch häufig nicht mehr nachvollziehen, da ihm wesentliche Filmteile vorenthalten werden. Schauspieler, die aufgrund der Formatanpassung "herausgeschnitten" sind, hört der Zu-schauer zwar, sieht sie jedoch nicht.

Da sich durch die oben beschriebene Art der Formatanpassung häufig Informationsverluste ergeben haben, da grundsätzlich das Geschehen an den beiden Bildrändern nicht zu sehen war, wurde bereits 1961 ein neues Verfahren - das sog. Pan-Scan-Verfahren[9] - zur Formatanpassung eingeführt.[10] Die Abtastung erfolgt dabei mit Hilfe einer Spezialkamera, die den Breit-wandfilm im Fernsehformat "abfilmt". Diese Kamera ist stufenlos horizontal schwenkbar, kann also von der einen zur anderen Bildseite bewegt werden. Dies ermöglicht eine stufenlose Verschiebung der Bildausschnitte bei der Abtastung. Es kann nun jeweils der Ausschnitt des Filmbildes aufgenommen werden, der das maßgebliche Geschehen, die interessanteste oder für die Filmhandlung wichtigste Szene darstellt. Als Beispiel ein Einzelbild aus dem Spielfilm "Lawrence of Arabia" (Abbildung 4).

Welche Bildausschnitte des ursprünglichen Filmes für den formatangepaßten Film aufgenommen werden sollen, muß Bild für Bild im vorhinein ausgewählt werden. Dieser Auswahl entsprechend wird ein Computer pro-grammiert, der dann die Linse entsprechend der Vorgaben in die richtige Position rückt. Nur die ausgewählten Bildausschnitte werden dann auf das Magnetband überspielt.

9 "Pan" entspricht dem deutschen Ausdruck "schwenken" und "Scan" dem Ausdruck "abtasten".

10 v.Lewinski/Dreier, GRUR int. 1989, S. 636.

Somit entsteht ein Film, der zwar die Geschichte des Originalfilmes erzählt, der hinsichtlich der Bilder jedoch nicht mehr mit der Originalfassung übereinstimmt.

Abbildung 1: Filmeinzelbild aus dem Spielfilm "Malina" von Werner Schroeter im Format 1:1,66 und zur Veranschaulichung von mir geschnitten in das Fernsehformat 1:1,33.

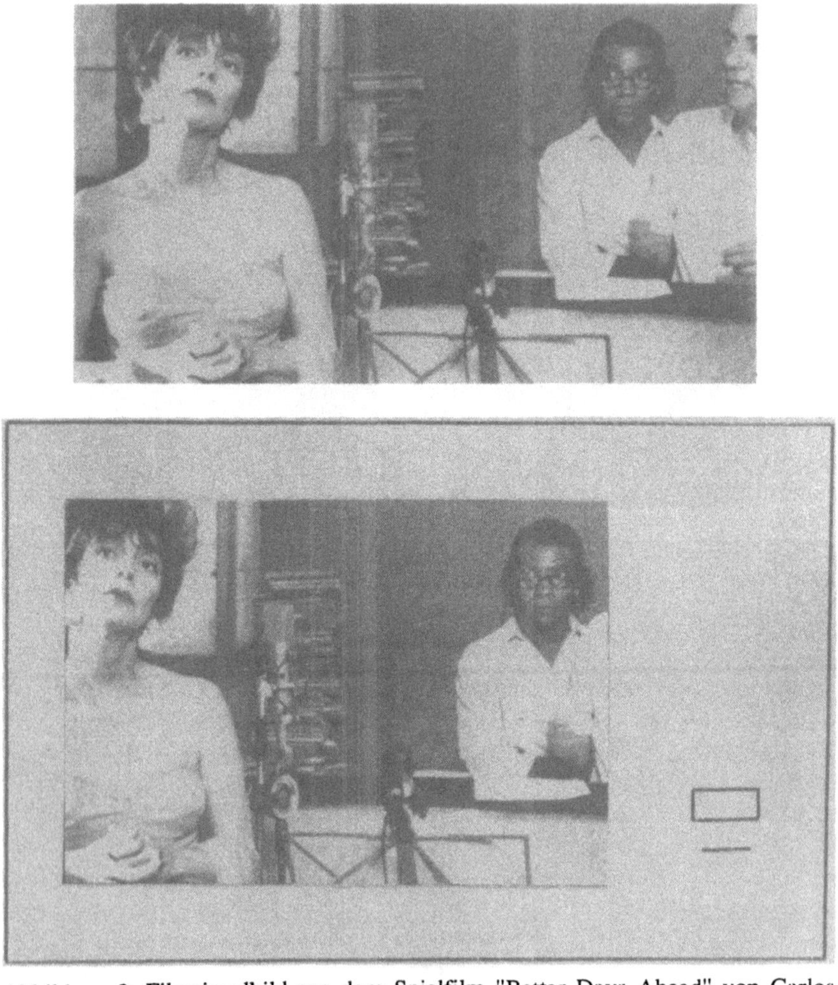

Abbildung 2: Filmeinzelbild aus dem Spielfilm "Better Days Ahead" von Carlos Diegues im Format 1:1,85 und zur Veranschaulichung von mir geschnitten in das Fernsehformat 1:1,33.

Abbildung 3

Abbildung 4: Filmeinzelbild aus dem Spielfilm "Lawrence of Arabia".

III. Berücksichtigung der Formatanpassung bereits bei der Herstellung von Breitwandfilmen

Die obigen Ausführungen beziehen sich in erster Linie auf Breitwandfilme der fünfziger und Anfang sechziger Jahre.

Ende der fünfziger, Anfang der sechziger Jahre bekam der Verkauf von Filmrechten an das Fernsehen Bedeutung. Damit mußten sich auch die Filmschaffenden darauf einstellen, daß die an sich für das Kino hergestellten Spielfilme im Fernsehen ausgewertet werden würden. Da die Formatanpassung anfangs häufig dadurch erfolgte, daß an beiden Seiten des Filmes ein gleichbleibender Streifen weggeschnitten wurde, gab die American Society of Cinematographers ihren Mitgliedern den Ratschlag, ihre Breitwandfilme so zu gestalten, daß das maßgebliche Geschehen auch nach der Formatanpassung im Fernsehen zu sehen sei.[10] Die Kamerahersteller begannen zu diesem Zweck Sucher herzustellen, die mit einer gepunkteten Linie ein Viereck im Fernsehformat anzeigten, so daß der Blick durch die Kamera bereits bei den Dreharbeiten zum Breitwandfilm zeigte, was nach der späteren Formatanpassung im Fernsehen zu sehen war.[11] Die Regisseure verlegten die Handlung dementsprechend in die Bildmitte, so daß sich bei einer Reduzierung des Bildes selbst um 50 Prozent nur unbedeutende Informationsverluste ergaben.[12] In Deutschland wird die spätere Auswertung im Fernsehen auf diese Weise seit Ende der sechziger Jahre berücksichtigt.[13]

---

10 Belton in "Report of the Register of Copyrights - Technological Alterations to Motion Pictures", S.9.

11 Belton, a.a.O. S.9 f.

12 Vgl. Film und Fakten 5/1988, S.24,25.

13 Vgl. Film und Fakten 5/1988 S.25.

IV. Zulässigkeit der Formatanpassungen im Hinblick auf das Urheberpersönlichkeitsrecht des Filmregisseurs

1. Vorliegen einer Beeinträchtigung

Die Formatanpassung bewirkt eine Beeinträchtigung des ursprünglichen Filmwerkes, denn der vom Filmregisseur geschaffene geistig-ästhetische Gesamteindruck des Filmwerkes erfährt eine objektiv nachweisbare Veränderung.[14] Unerheblich ist dabei, daß die Formatanpassung die Integrität des Originalnegativs nicht berührt. Denn der betreffende Film wird in veränderter Fassung im Fernsehen ausgestrahlt bzw. auf Videokassetten vervielfältigt und verbreitet. Diese veränderte Ausstrahlung, Vervielfältigung oder Verbreitung ist im Rahmen des § 93 UrhG zu prüfen, da eine Verletzung des Urheberpersönlichkeitsrechts allein durch die veränderte Wiedergabe eines Werkes eintreten kann.[15]

2. Eignung zur Interessengefährdung

Da grundsätzlich anzunehmen ist, daß der Filmregisseur an Bestand und Unversehrtheit seines Filmwerkes interessiert ist, ist die Eignung zur Interessengefährdung durch das objektive Vorliegen der Beeinträchtigung indiziert.[16]

Etwas anderes gilt nur dann, wenn der Regisseur zu erkennen gegeben hat, daß er auf der unbedingten Unversehrtheit des Filmwerkes nicht besteht. Dies ist etwa dann der Fall, wenn der Filmregisseur bereits bei den Dreharbeiten zum Breitwandfilm die spätere Auswertung des Filmes im Fernsehen oder auf Videokassetten berücksichtigt, indem er den Sucher der Kamera mit einem Rechteck im Fernsehformat ausstattet. Mit diesem Verhalten gibt der Regisseur zu erkennen, daß er auf die nachträgliche Formatanpassung eingestellt ist und daß er das Filmwerk unter dieser Voraussetzung gestaltet hat. Wird das so

---

14 Schricker/Dietz, § 14, Rdnr. 21.

15 Vgl. hierzu Schricker/Dietz, § 14, Rdnr.23 ff.

16 Schricker/Dietz, § 14, Rdnr.27.

hergestellte Filmwerk nachträglich in der vom Regisseur vorhergesehenen Art und Weise formatangepaßt, so ist eine Eignung zur Interessengefährdung nicht gegeben.

Dasselbe gilt, wenn der Filmregisseur hinsichtlich seines Filmwerkes eine Änderungsvereinbarung nach § 39 Abs.2 UrhG getroffen hat. Werden die entsprechenden Änderungen sodann vorgenommen, so kann eine Eignung zur Interessengefährdung nicht angenommen werden.

Eine allgemeine Zustimmung des Regisseurs zur Fernseh- und Videoauswertung des Breitwandfilmes genügt dagegen nicht, die Eignung zur Interessengefährdung auszuschließen. Der Regisseur muß nicht davon ausgehen, daß das Filmwerk im Fernsehen oder auf Videokassetten formatangepaßt gezeigt wird.

3. Interessenabwägung

Bei der Interessenabwägung ist im Hinblick auf die Urheberinteressen neben der Gestaltungshöhe des jeweiligen Filmwerkes insbesondere die Intensität der Beeinträchtigung von Bedeutung. Die Intensität des Eingriffs richtet sich bei der Formatanpassung besonders danach, inwieweit die filmischen formalen und inhaltlichen Gestaltungsmittel, die der Regisseur verwendet hat, beeinträchtigt werden. Im folgenden wird daher schwerpunktmäßig die Beeinträchtigung der filmischen Gestaltung durch die Formatanpassung behandelt. Dabei soll und kann jedoch kein Anspruch auf Vollständigkeit erhoben werden, da eine abschließende Erörterung der Struktur des Filmes den Rahmen dieser Arbeit sprengen und auch weit höhere Sachkenntnis voraussetzen würde. Zur Vertiefung einzelner Aspekte ist daher auf die jeweils angegebene Literatur zu verweisen.

Die Interessen des Filmherstellers an der Formatanpassung sind maßgeblich wirtschaftliche, die im Anschluß an die Urheberinteressen abgehandelt werden.

3.1. Intensität des Eingriffs

Bei der Formatanpassung wird der Bildausschnitt jedes Einzelbildes des Films verändert. Der Bildausschnitt ist eine der drei Komponenten, die die Kameraeinstellung[17] bestimmen. Als "Kameraeinstellung" wird ein kontinuierlich belichtetes, ungeschnittenes Stück Film bezeichnet.[18] Die beiden anderen Komponenten der Kameraeinstellung sind die Perspektive und die Einstellungsdauer. Die Kameraeinstellung bestimmt also, was wie lange aus welcher Perspektive im Film gezeigt wird. Damit ist die Kameraeinstellung eines der primären Wirkungselemente des Filmes. Die "richtige" Kameraeinstellung auszuwählen, ist eine der Aufgaben des Regisseurs. Dabei muß als die "richtige" Kameraeinstellung die bezeichnet werden, die der Regisseur für die bestmögliche hält, "den Gedankeninhalt des Drehbuches durch gestellte Bilder"[19] zu formen. Diese nach Ansicht des Regisseurs "bestmögliche Einstellung" ist damit nur subjektiv, nämlich aus der Sicht des jeweiligen Regisseurs, die bestmögliche. Somit spiegelt die vom Regisseur gewählte Einstellung seine subjektive Haltung und damit seine innere Einstellung des Regisseurs zum aufzunehmenden Motiv wieder. Durch dieses "Ausdrücken der inneren Einstellung" gibt der Regisseur dem Motiv Sinn und symbolische Bedeutung.[20] Zur Veranschaulichung folgendes Beispiel[21]:

> Der Regisseur möchte einen Landstreicher zeigen, der voller Tatendrang und Stärke auf ein bestimmtes Ziel zugeht. Er läßt den Schauspieler eine Allee entlang gehen und nimmt ihn aus geringer Kameraentfernung von unten nach oben auf. Der Landsteicher wirkt dadurch groß und monumental. Am Ziel angelangt erfüllen sich die Hoffnungen des Landstreichers jedoch nicht. Am Ende der Geschichte geht er enttäuscht

---

17 Der Begriff "Einstellung" stammt noch aus der Stummfilmzeit, denn die "Einstellung" der Kamera blieb damals während der ganzen Szene unverändert. Heute versteht man unter "Einstellung" eine ununterbrochene Kameraaufnahme. Dabei kann die Kamera bewegt, also geschwenkt oder gefahren werden, vgl. Kandorfer S.74.

18 Monaco, Film verstehen, 1990, S. 390.

19 Werhahn, Jürgen, Urheberrecht am Tonfilm, GRUR 1954, S. 48.

20 Groll, Gunter, Film - die unentdeckte Kunst, 1937, S. 13.

21 Beispiel siehe Groll, S. 13.

diesselbe Allee zurück. Diesmal sieht ihn die Kamera von oben aus großer Entfernung. Er wirkt dadurch klein auf einer endlosen Straße.

Die jeweilige Kameraeinstellung wird durch die Formatanpassung insofern verändert, als der ursprüngliche Bildausschnitt verkleinert wird, also ein Teil des Bildes wegfällt.

Der Bildausschnitt ist der durch den Blickwinkel der Kamera eingegrenzte Ausschnitt aus dem realen Raum.[22] Dieser eingegrenzte Ausschnitt ist im Verhältnis zum normalen Gesichtsfeld natürlich erheblich eingeschränkt.[23] In diesem eingegrenzten Ausschnitt muß der Regisseur bei den Dreharbeiten all das, was er dem Zuschauer aus dem realen Raum zeigen will, unterbringen. Um einen solchen Transfer der angestrebten Aussage, also des Aussagewunsches, zu erreichen, muß der Regisseur den Bildausschnitt inhaltlich und formal eindeutig gestalten. Denn erst eine inhaltliche und formale Eindeutigkeit des Bildausschnittes ermöglicht beim Zuschauer eine Interpretation, die dem Aussagewunsch des Regisseurs entspricht.[24] Der Regisseur darf mit seinem Bildausschnitt also weder zuviel noch zuwenig zeigen. Nur wenn der Bildausschnitt ausschließlich im Sinne des Aussagewunsches gestaltet wird, ist eine Fehlinterpretation des Zuschauers bzw. eine Fehlwirkung auf den Zuschauer nicht zu befürchten.[25] Zur Gestaltung des Bildausschnittes im Sinne seines Aussagewunsches stehen dem Regisseur verschiedene Wirkungsmechanismen zur Verfügung, die er seinen Vorstellungen entsprechend einsetzen kann.

Die wichtigsten dieser Wirkungsmechanismen werden mit Hilfe einer Analyse des Bildausschnittes im folgenden aufgezeigt. Im Rahmen dieser Analyse ist eine Trennung zwischen inhaltlicher und formaler Gestaltung des Bildauschnittes vorzunehmen, obwohl diese beiden Aspekte bei der Gestaltung des Bildausschnittes an sich eng zusammenhängen. Des weiteren wird der

---

22 Vgl. hierzu ausführlich Kramarek, Johannes, DuMont's Handbuch für praktische Filmgestaltung, 1986, S. 60 ff.

23 Kramarek, S. 61.

24 Kramarek, S. 61.

25 Kramarek, S. 61.

Bildausschnitt im folgenden losgelöst vom Gesamtwerk "Film" betrachtet. Dies ist ein Vorgehen, das dem Film nicht gerecht wird, da ein Bildausschnitt für sich kein selbständiges Element des Filmes darstellt, sondern erst durch die Aneinanderreihung vieler einzelner Bilder wirksam wird. Dennoch kann am Beispiel eines Einzelbildes gezeigt werden, welche Beeinträchtigungen das Filmwerk durch die Formatanpassung erfährt.

3.1.1. Inhaltliche Gestaltung des Bildausschnitts

Um seinen Bildausschnitt inhaltlich eindeutig zu gestalten, orientiert sich der Regisseur ausschließlich an seinem Aussagewunsch. Der Regisseur zeigt an Inhalten also ausschließlich das, was einen erfolgreichen Transfer seines Aussagewunsches verspricht. Dies sei an folgendem Beispiel (Abbildung 5: ein Einzelbild aus dem Film "Limelight" von Charlie Chaplin) veranschaulicht.

Abbildung 5: ein Filmeinzelbild aus dem Spielfilm "Limelight" von Charlie Chaplin

Das Schwergewicht dieses Bildausschnittes liegt auf den beiden Darstellern. Zur Orientierung für den Zuschauer sind im Hintergrund weitere Spiegel zu sehen, die darauf hindeuten, daß sich das Paar in der Maske, also in einem

Schminkraum befindet (dies weiß der Zuschauer jedoch durch vorhergehende Einstellungen ohnehin). Der Spiegelrand, der am rechten Rand des Ausschnittes zu sehen ist, macht dem Zuschauer klar, daß Bloom und Chaplin das geschminkte Gesicht Chaplins im Spiegel betrachten.

Dieser Bildausschnitt ist inhaltlich eindeutig gestaltet. Der Zuschauer konzentriert sich auf die beiden Darsteller und ist dennoch orientiert - durch eindeutigen Hintergrund und den Spiegelrand. Durch den Spiegelrand, der am Rand des Bildausschnittes zu sehen ist, bekommt der Zuschauer die maßgebliche Information, daß die beiden Darsteller in den Spiegel schauen. Durch seine Stellung ganz am Bildrand wird der Spiegel nur angedeutet. Dies genügt - ausgehend vom Aussagewunsch - um dem Zuschauer die erforderliche Information zu geben.

3.1.2. Formale Gestaltung des Bildausschnitts

Für die formale Gestaltung des Bildausschnittes stehen dem Regisseur verschiedene Wirkungsmechanismen zur Verfügung. Diese Mechanismen kann der Regisseur einsetzen und damit bestimmte Wirkungen beim Zuschauer erzielen. Der Zuschauer nimmt diese Wirkungsmechanismen in der Regel nicht bewußt wahr, reagiert jedoch darauf.

So ist etwa die Plazierung des Objekts oder der Objektmasse für die Wirkung des Bildausschnittes auf den Zuschauer von Bedeutung. Werden das Objekt oder die Objektmasse am Rande des Bildes angeordnet, so wirkt das Bild dynamisch. Werden das Objekt oder die Objektmasse[26] dagegen in der Mitte des Bildes angeordnet, so wirkt das Bild statisch.

Weiterhin unterscheiden sich die linke und die rechte Bildhälfte in ihrem Gewicht innerhalb des Gesamtbildes: die linke Seite ist die gewichtigere.[27] So hat bei einem zweifigurigen Bildausschnitt die links plazierte Person stets die

26 Nach Monaco, Film verstehen, 1990, S. 170, wurde es in Hollywood in den dreißiger und vierziger Jahren als gewagt angesehen, wenn das Objekt nicht die Mitte des Bildes einnahm.

27 Karkosch, Konrad, Vom Wesen des Films und der Filmkunst, 1982, S.23.

stärkere optische Anziehungskraft und Bedeutung als die rechts plazierte[28], denn der Zuschauer "liest" jedes einzelne Fernsehbild von links nach rechts. Eine Änderung der Plazierung des Objekts bzw. der Objektmasse beeinflußt mithin den Bildeindruck.

Auch kann der Regisseur die Beziehung mehrerer Personen zueinander durch deren Plazierung im Bildausschnitt beschreiben. So wurde James Dean in seinen Filmen häufig[29] so plaziert, daß er in gewissem Abstand zu den weiteren im Bildausschnitt agierenden Charakteren stand, um so seine Isolation von den anderen Personen zu manifestieren.

Ein weiteres Bildelement, durch das der Regisseur die Bildwirkung beeinflussen kann, ist die Linien- und Formführung. Durch die Linien- und Formführung kann die graphische Komposition des Bildausschnittes bestimmt werden. Will der Regisseur eine statische Wirkung seines Bildes erzielen, so wird er als stabilste Linie die Waagerechte, oder als stabilste Form das horizontale Rechteck oder ein Quadrat wählen. Eine statische Komposition erzeugt beim Zuschauer den Eindruck von Gleichgewicht, von Stabilität. Er bekommt Ruhe, Sicherheit und Festigkeit suggeriert.[30] Unregelmäßige, verkantete oder schiefe Formen vermitteln dagegen Dynamik. Hierdurch können etwa dramatische oder erregende Situationen optisch verstärkt werden.

Durch Abbildungsart und Abbildungsgröße kann der Regisseur den Schwerpunkt des Zuschauerinteresses leiten. Grundsätzlich sind insoweit zwei Abbildungsarten zu unterscheiden: das Objekt bzw. die Objektmasse werden bildfüllend aufgenommen oder das Objekt bzw. die Objektmasse beanspruchen nur einen Teil der Bildfläche.

Das Bewußtsein des Zuschauers kann der Regisseur weiterhin mit der Suggestion eines offenen oder geschlossenen Raumes lenken. Bildet der Regisseur einen offenen Raum ab, so heißt dies, daß er dem Objekt oder der Objektmasse erlaubt, das Bild zu verlassen und neu zu betreten. Dem Zuschauer ist dann

---

28 Näheres hierzu bei Karkosch, S.23.

29 Etwa in "Jenseits von Eden" und in "Rebellen ohne Grund", vgl. Belton in "Report of the Register of Copyrights - Technical Alterations to Motion Pictures", S. 21.

30 Kandorfer, Pierre, Lehrbuch der Filmgestaltung, 1976, S. 93.

ständig der Raum außerhalb des Bildausschnittes bewußt[31] (Abbildung 6: ein Einzelbild aus dem Spielfilm "Une femme mariee" von Jean-Luc Godard).

Ist dagegen alles, was für den Zuschauer interessant sein könnte, im Bild zu sehen, so spricht man von einer geschlossenen Form. Der Raum außerhalb des Bildausschnittes ist nicht im Bewußtsein des Zuschauers[32] (Abbildung 7: Einzelbild aus dem Spielfilm "A night at the opera" von Sam Wood).

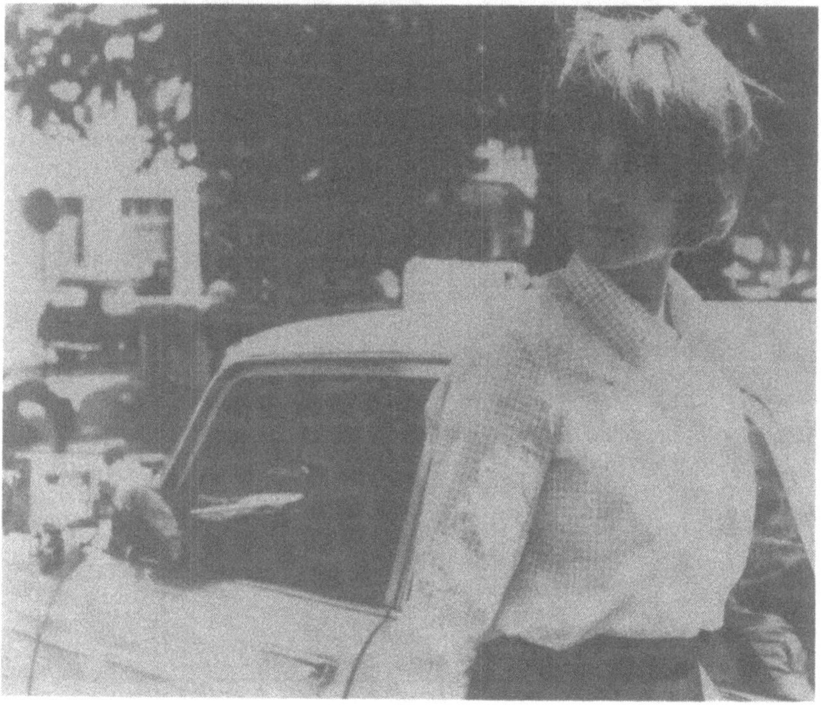

Abbildung 6: ein Filmeinzelbild aus dem Spielfilm "Une femme mariee" von Jean-Luc Godard.

31 Monaco, Film verstehen, S. 168,

32 Monaco, Film verstehen, S. 168.

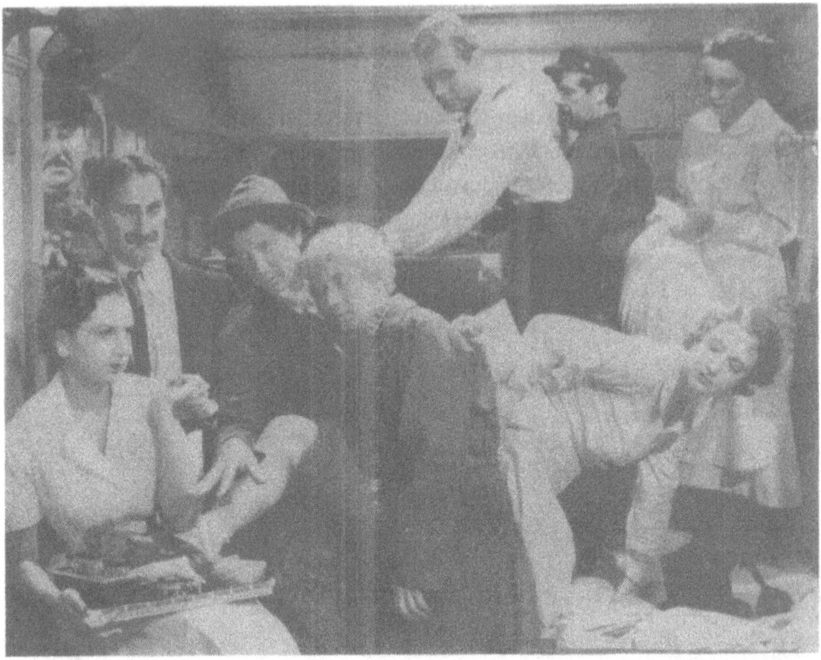

Abbildung 7: Einzelbild aus dem Spielfilm "A night at the opera" von Sam Wood.

3.1.3. Anmerkung

Die vorstehende Analyse zeigt auf, daß die Auswahl des Filmformates am Anfang jeder gestalterischen Tätigkeit des Regisseurs stehen muß. Denn erst wenn der Regisseur das Bildformat bestimmt hat, kann er sich ein Bild über die inhaltliche Beschränkung des Raumausschnittes machen und sodann entscheiden, was "hinein" soll. Die Wahl des Bildformates bestimmt somit die Kompositionsmöglichkeiten des Regisseurs im Hinblick auf den Bildausschnitt. Dies macht deutlich, daß eine optimale Gestaltung des Bildausschnittes grundsätzlich nur für ein einziges Format möglich ist.[33]

3.1.4. Wirkung der Formatanpassung auf die verschiedenen Ausgangsformate

3.1.4.1. Cinemascope-Format

Am intensivsten greift die Anpassung in die Integrität von Filmen im Cinemascope-Format ein. Durch den Wegfall von fast der Hälfte des Bildes war die Bemühung des Regisseurs, seinen Bildausschnitt so eindeutig wie möglich zu gestalten, um einen erfolgreichen Transfer des Aussagewunsches auf den Zuschauer zu erreichen, vergeblich. Der Informationsverlust für den Zuschauer kann soweit gehen, daß der Zuschauer die Handlung - jedenfalls visuell - nicht mehr verfolgen kann. So berichten v.Lewinsky/Dreier[34] von folgendem Fall: Nach der Formatanpassung des Filmes "The High and the Mighty" soll der Fernsehzuschauer bei der Unterhaltung zwischen Robert Stack und John Wayne, die im Original je an einer Seite des Bildausschnittes plaziert waren nichts als den leeren Cockpit-Raum gesehen haben, da die beiden Schauspieler der Formatanpassung zum Opfer gefallen waren.

Aber auch die formalen Gestaltungsmittel werden durch die Formatanpassung in Mitleidenschaft gezogen. So geht durch die Formatanpassung die Wirkung der Objektplazierung, die den Mittelpunkt des Interesses im Bild bestimmt und damit einen Schwerpunkt setzt, verloren. Der Bildeindruck, der durch jede Schwerpunktverlagerung im Bild beeinflußt wird, wird maßgeblich verändert.

33 Rotthaler in Kameramann Nr.4, 1990, S. 14.

34 GRUR Int. 1989, S. 636.

Wurde etwa das Objekt am Bildrand plaziert, um die Aufnahme dynamisch wirken zu lassen, so ist das Objekt nach der Formatanpassung möglicherweise nicht mehr zu sehen. Die erwünschte dynamische Wirkung kann von diesem Objekt jedenfalls nicht mehr ausgehen.

Auch wird durch die Formatanpassung das graphische Kompositionsschema des Regisseurs in Mitleidenschaft gezogen. Die ursprüngliche Anordnung von Linien und Formen verliert ihre harmonische ganzheitliche Wirkung. Die Beziehung, die die Linienführung zwischen Vorder-, Mittel- und Hintergrund schafft, wird beeinträchtigt.

Eine ursprünglich geschlossene Bildform wird durch die Formatanpassung geöffnet, da der ursprüngliche Abschluß wegfällt. Dem Zuschauer ist dadurch ständig der Raum außerhalb des Bildausschnittes bewußt, auch wenn dies vom Regisseur gerade nicht gewollt ist.

Auch die vom Regisseur vorgesehene Abbildungsart und Einstellungsgröße werden durch die Formatanpassung in ihrer Wirkung verändert, da der Schwerpunkt des Zuschauerinteresses nicht mehr in der Weise geleitet wird, wie der Regisseur dies vorgesehen hat.

Hinzu kommt noch folgendes: Der Ton des Filmes wird bei der Formatanpassung nicht verändert. Das heißt, der Zuschauer hört den Originalton des Filmes, sieht jedoch die formatangepaßte Fassung. Der Zuschauer hört beim formatangepaßten Film daher Geräusche, die sich visuell nicht bestätigen. Der Film erhält seine Glaubwürdigkeit jedoch nur dadurch, daß die visuelle Wahrnehmung durch die akustische Wahrnehmung und umgekehrt die akustische durch die visuelle Wahrnehmung bestätigt wird. Das heißt, erst dadurch, daß Bild und Ton übereinstimmen, wirkt ein Film auf den Zuschauer glaubwürdig. Durch die Formatanpassung verliert ein Film insofern an Glaubwürdigkeit, als der Zuschauer zum Teil keine visuelle Bestätigung der akustischen Wahrnehmung findet.

Auch die Formatanpassung im Pan-Scan-Verfahren mindert die Intensität des Eingriffs in das Filmwerk kaum. Zwar wird der Techniker, der das Pan/Scan - Gerät bedient, versuchen, immer das maßgebliche Geschehen "abzufilmen" und damit das Objekt oder die Objektmasse im Bild behalten. Der Zuschauer bekommt damit meist immerhin das zu sehen, was zum Verständnis der Geschichte erforderlich ist. Dennoch geht - ausgehend vom Aussagewunsch des Regisseurs - auch hier die Hälfte des ursprünglichen Bildinhalts verloren.

Auf die formale Bildgestaltung hat die Formatanpassung im Pan/Scan-Verfahren die gleiche Wirkung wie die Formatanpassung durch gleichbleibendes Anpassen.

Das Bild wird auch bei dieser Art der Formatanpassung nur zur Hälfte gezeigt und dadurch funktionieren die vom Regisseur vorgesehenen Wirkungsmechanismen nicht mehr wie von ihm gewünscht. Insbesondere tritt bei der Formatanpassung im Pan/Scan-Verfahren eine vollständige Veränderung des Bildschwerpunktes ein. Mit der Veränderung des Bildschwerpunktes verändert sich der gesamte Bildeindruck.[35]

3.1.4.2. Breitwandformat 1:1,85

In wesentlich abgeschwächter Form gilt das oben gesagte bei der Formatanpassung von Filmen im ursprünglichen Format von 1:1,85. Auch hier werden die formalen und inhaltlichen Wirkungsmechanismen in ähnlicher, jedoch wesentlich abgeschwächter Weise gestört wie bei der Formatanpassung des Cinemascope-Formates. Auf die obigen Ausführungen kann hier daher mit der Maßgabe verwiesen werden, daß die Intensität der Beeinträchtigung der jeweiligen Wirkungsmechanismen wesentlich geringer ist als bei der Formatanpassung des Cinemascope-Filmes. Denn beim Format 1:1,85 fällt insgesamt etwa ein Drittel, nicht jedoch wie beim Cinemascope-Film etwa die Hälfte des Bildes weg.

35 Fleck hat sich dazu in Kameramann 9, Jahrgang 36, 1987, S. 52, folgendermaßen geäußert:"Star Wars" auf Video - einfach schrecklich. Die sorgfältige Bildkomposition ist hinüber - zum Teil fallen wesentliche Bildelemente einfach weg. Ein großer Teil der Regiearbeit wird schlichtweg "abgeschnitten".

3.1.4.3. Breitwandformat 1:1,66

Bei der Formatanpassung von Breitwandfilmen im Format 1:1,66 werden sich die maßgeblichen Informationen in der Regel im formatangepaßten Bild wiederfinden. Zwar entspricht der Bildausschnitt dann nicht mehr exakt dem Aussagewunsch des Regisseurs, jedoch fällt der äußere Rand des Bildes bezüglich des Inhalts sowie hinsichtlich der formellen Gestaltung in der Regel nicht so maßgeblich ins Gewicht. Denn selbst wenn das Objekt am Bildrand plaziert wird, geht bei einem Wegfall von 10% vom Objekt nur wenig verloren.

Auch die formalen Gestaltungelemente werden bei der Formatanpassung des Filmes im Format 1:1,66 nicht maßgeblich beeinträchtigt. Zwar muß auch hier der Grundsatz, daß eine optimale Bildgestaltung nur für ein Bildformat möglich ist, im Auge behalten werden, jedoch wirkt sich die Anpassung des 1:1,66-Formates nur wenig auf die formalen Gestaltungelemente aus. So wird etwa die Objektplazierung kaum berührt, denn höchst selten wird ein Objekt am äußersten Bildrand plaziert. Die Linien- und Formführung kann zwar berührt sein, dies wird in der Regel jedoch nicht so erheblich sein, daß die Gesamtwirkung des Bildes beeinflußt wird. Auch die Wirkung auf Abbildungsart und Abbildungsgröße dürfte sich in engen Grenzen halten. Das Gestaltungsmittel der geschlossenen Form kann dagegen auch bei dieser Formatanpassung nicht mehr wirken, denn es genügt hierbei schon der Wegfall eines kleinen Streifens am Bildrand, um den Effekt verloren gehen zu lassen.

3.2. Wirtschaftliche Interessen des Filmherstellers an der Formatanpassung

Die wirtschaftlichen Interessen der Filmhersteller im Rahmen der Interessenabwägung lassen sich nicht am Beispiel eines Filmes, der formatangepaßt wird, beschreiben. Vielmehr muß hier das Unternehmen der Filmherstellung als solches betrachtet werden, denn anders als bei den Produkten der meisten anderen Branchen, müssen bei einem Filmherstellungsunternehmen die wenigen erfolgreichen Filme die vielen Flops mitfinanzieren[36]. Wie oben bereits

36 Zur Filmförderung, die in Deutschland eine große Rolle bei der Herstellung von Spielfilmen spielt, vgl. v. Hartlieb, Das neue Filmförderungsrecht, München 1987.

dargelegt, müssen die Filmhersteller zur Maximierung des Ertrages dabei jede Möglichkeit wahrnehmen, ihre Filme zu verwerten.

Nachdem Spielfilme bis zu den sechziger Jahren ausschließlich für die Kinoauswertung hergestellt wurden, brachte die Fernsehauswertung Anfang der sechziger Jahre eine erhebliche Erweiterung der Absatzmöglichkeiten von Spielfilmen mit sich. Inzwischen ist die Fernsehauswertung bei der Finanzierung von Spielfilmen nicht mehr wegzudenken. So wird in der BRD kaum noch ein Spielfilm ohne Fernsehgelder hergestellt.[37] Andererseits sind jedoch auch alte Spielfilme für die Fernsehauswertung interessant. Dies liegt einmal daran, daß Spielfilme im Fernsehen höhere Einschaltquoten bringen als das vom Fernsehen eigenproduzierte Programm.[38] Zum anderen besteht ein stets größer werdender Bedarf an Sendematerial dadurch, daß immer mehr private Fernsehanstalten Programme ausstrahlen. So wurden in der BRD im Jahre 1989 insgesamt ca. 4000 Spielfilme im Fernsehen ausgestrahlt[39], im Jahre 1990 6600[40] und 1991 bereits 8100[41].Insbesondere die privaten Fernsehanbieter strahlen die Breitwandfilme - dem amerikanischen Vorbild folgend - im Vollbild, also formatangepaßt aus. Dieser Nachfrage folgend bieten die Filmhersteller die Breitwandspielfilme formatangepaßt an oder aber lassen sie von der Fernsehanstalt formatanpassen.

Eine weitere lukrative Absatzmöglichkeit von Spielfilmen eröffnete Anfang der achtziger Jahre die Verbreitung von Videorecordern. Inzwischen[42] liegt die Haushaltssättigungsrate mit Videorecordern (in den alten Bundesländern) bei 48%.[43] 1989 wurden 6 Mio. bespielte Videokassetten von den

37 Vgl. hierzu Fernsehinformation, 42. Jahrgang 1991, S.264.

38 Vgl. Fernsehinformation, 42. Jahrgang 1991, S.264.

39 Fernsehinformation, 42.Jahrgang 1991, S. 264.

40 wie Fußnopte 40

41 Filmstatistisches Taschenbuch 1992, zusammengestellt von Klingsporn, Johannes, Tabelle 59.

42 Ende 1990.

43 BVV-Video-Info, Nr. 3/91, S.1.

Videoprogrammanbietern an den Fachhandel ausgeliefert, 1990 waren es bereits fast 10 Mio..[44]

Auf dem Videomarkt wird jedoch kaum ein Film ohne Formatanpassung angeboten. Bereits in den Auswertungsverträgen mit den Videoprogrammanbietern verpflichten sich die Filmhersteller häufig, den Breitwandfilm im Fernsehvollbild, also formatangepaßt zu liefern. Alte Filme werden für die Videoauswertung entweder durch die Filmhersteller selbst oder aber durch die Videoprogrammanbieter formatangepaßt. Die Verwertung von Breitwandfilmen auf Videokassetten ist daher ohne Formatanpassung nahezu ausgeschlossen.

Gerade die Verwertung der Filme im Fernsehen und auf Video ermöglicht für den Filmhersteller einen langfristigen Kapitalrückfluß. Dieser Kapitalrückfluß ermöglicht die Herstellung neuer Filme und findet damit auch im Interesse der Regisseure statt.

Es kann damit bei der Interessenabwägung nicht darauf ankommen, ob sich ein Film, der formatangepaßt wird, bereits amortisiert hat, da der Kapitalrückfluß für die Mehrzahl der Filmhersteller finanzielle Grundlage für die Herstellung weiterer Filme ist.[45] Zu berücksichtigen ist dabei insbesondere, daß gerade die Altfilme, die Erfolg beim Publikum hatten und sich aus diesem Grunde amortisiert haben, nochmals ausgewertet und dafür formatangepaßt werden. Die Flops dagegen finden in der Regel keinen Käufer und werden daher auch nicht formatangepaßt.

44 BVV-Video-Info, Nr. 3/91, S.1.

45 Fraglich ist dies jedoch bei Filmklassikern wie etwa "Die Reifeprüfung" mit Dustin Hoffmann. Dieser Film hat von 1967 bis 1974 bereits 78 Millionen Dollar in US-Amerika eingespielt. Die Auslandseinnahmen dürften in etwa die gleiche Höhe erreicht haben, Jarvie, S. 37. Dennoch wurde der Film formatangepaßt im Fernsehen ausgestrahlt.

3.3. Weitere Aspekte

Bei der Interessenabwägung ist jedoch auch zu berücksichtigen, daß von einem Film im Breitwandformat der im Fernsehen bzw. auf Videokassetten ohne Formatanpassung gezeigt wird, auf dem relativ kleinen Fernsehbildschirm weit weniger zu sehen ist als auf den Breitwandleinwänden der Kinos. Auch ohne Formatanpassung verliert der Breitwandfilm im Fernsehen daher viel von seiner Wirkung. Insbesondere die monumentale Bildwirkung, die von den Breitwandfilmen ausgehen sollte, fällt weg.

4. Ergebnis

4.1. Formatanpassung von Filmen im Cinemascope-Format

Die Formatanpassung von Filmen im Cinemascope-Format greift in einem so schwerwiegenden Maße in die Integrität des Filmwerkes ein, daß wirtschaftliche Interessen des Filmherstellers dies auch bei geringer Gestaltungshöhe des Filmwerkes nicht aufwiegen können. Dabei spielt es keine Rolle, ob die Formatanpassung im Pan/Scan-Verfahren oder aber durch "Wegschneiden" eines gleichbleibenden Streifens auf beiden Seiten vorgenommen wird, denn in beiden Fällen wird in die Gestaltung des Filmes in höchstem Maße eingegriffen.

Die Formatanpassung von Cinemascope-Filmen an das Fernsehformat stellt daher grundsätzlich eine gröbliche Entstellung des Filmwerkes dar. Der Filmregisseur kann diese Formatanpassung gemäß § 93 UrhG verbieten. Nach den Grundsätzen der Verhältnismäßigkeit wird der Filmregisseur als Rechtsfolge der gröblichen Entstellung seinen Verbotsanspruch aus § 97 Abs. I UrhG durchsetzen können und sich nicht mit einer Zurückziehung seines Namens begnügen müssen.

4.2. Formatanpassung von Filmen im Format 1:1,85

Die Intensität des Eingriffs in das Filmwerk ist auch bei der Formatanpassung von Filmen im Format 1:1,85 so hoch, daß eine gröbliche Entstellung des Filmwerkes jedenfalls dann zu bejahen ist, wenn die Gestaltungshöhe, die der

Regisseur dem Filmwerk gegeben hat, ein mittleres Maß an individuellem Schaffen erreicht. Ist die Gestaltungshöhe des Filmwerkes dagegen niedrig, wird eine gröbliche Entstellung nicht vorliegen.

4.3. Formatanpassung von Filmen im Format 1:1,66

Die Formatanpassung von Filmen im Format 1:1,66 stellt dann eine gröbliche Entstellung im Sinne des § 93 UrhG dar, wenn das Filmwerk eine hohe Gestaltungshöhe aufweist. Bei mittlerer oder niedriger Gestaltungshöhe werden die wirtschaftlichen Interessen des Filmherstellers an der Formatanpassung mit der Folge überwiegen, daß der Filmregisseur Ansprüche aus § 93 UrhG nicht geltend machen kann.

5. Ausblick

Durch die Einführung des neuen Farbfernsehsystems HDTV ("High Definition Television"[46]) voraussichtlich in den nächsten Jahren wird sich das Fernsehformat von 1:1,33 auf 1:1,66 verändern. Die ersten 1:1,66-Empfangsgeräte kamen Ende 1991 in den Handel, auch die ersten Programme in diesem Format wurden Ende 1991 über den Satelliten TV SAT 2 ausgestrahlt.[47]

In dieses neue Fernsehformat "passen" die Breitwandfilme im Format 1:1,66 dann exakt. Breitwandfilme im Format 1:1,85 bzw. im Cinemascope-Format werden bei der Formatanpassung weniger stark beeinträchtigt. Probleme werden sich dann jedoch bei der Übertragung von Fernsehfilmen im Format 1:1,33 ergeben. Denn die für das derzeit gebräuchliche Fernsehformat hergestellten Fernsehfilme sind für die 1:1,66-Empfangsgeräte zu schmal. Bei der Ausstrahlung dieser Filme wird ein schwarzer Streifen am linken und rechten Bildrand entstehen.[48]

46 Näheres zu den HDTV-Techniken in Kameramann 10, 1982

47 Tetzner, Fernsehinformationen Nr. 8, 1991, S. 243.

48 Tetzner schlägt in Fernsehinformation Nr. 4, 1991, S. 117 noch weitere Lösungen vor.

B. Kolorierung

I. Allgemeines

Mitte der siebziger Jahre wurde in einem Filmstudio[49] in den USA unter dem Namen VID-COLOR ein Computersystem entwickelt, mit dessen Hilfe alte Schwarz-Weiß-Filme nachträglich in Farbfilme verwandelt werden können.[50]

Diese sog. "Kolorierung" geschieht auf elektronischem Wege. Dabei wird zunächst das Filmnegativ auf ein Videoband überspielt. Das Original bleibt also erhalten. Dann wird der Film Einstellung für Einstellung eingefärbt. Dazu ermittelt ein Graphic-Computer zunächst die verschiedenen Grauwerte von einem Einzelbild einer Einstellung. Dieses Einzelbild wird dann von einem sogenannten "Farbkünstler" Bildpunkt für Bildpunkt mit dem "elektronischen Griffel" mit Farbe versehen.[51] Die Farbe, die der Farbkünstler einem Grauwert in dem eingefärbten Einzelbild zugeordnet hat, wird dann vom Graphic-Computer jeweils auf die entsprechenden Grauwerte in den anderen Einzelbildern der Einstellung übertragen. Alle übereinstimmenden Grauwerte der Einzelbilder einer Einstellung bekommen also dieselbe Farbe.
Der Computer setzt somit feinste Helligkeitsunterschiede in den Einzelbildern in Farbe um. Mit Hilfe des Graphic-Computers können nun sämtliche Bilder der Einstellung entsprechend den Vorgaben durch den Farbkünstler eingefärbt werden. Etwa 96% der Bildinhalte einer Einstellung sollen so farblich richtig getroffen werden. Die verbleibenden Bildpunkte werden per Hand eingefärbt.[52]
Mit jeder neuen Einstellung muß dieser Prozeß wiederholt werden.

---

49 Die Hal Roach Studios in Los Angeles.

50 v.Lewinski/Dreier, GRUR Int. 1989, S.635.

51 Laut v.Lewinski/Dreier, GRUR Int.1989, S. 635, orientieren sich die meisten Farbkünstler soweit wie möglich an den - durch Szenenfotos oder sonstiges Dokumentationsmaterial belegten - historischen Farben; sind diese nicht mehr feststellbar, entscheiden sie nach Gutdünken, so jedenfalls v.Lewinski/Dreier, S.635 ; dies kann jedoch nicht stimmen, da die Farben bei den in Schwarz-Weiß gedrehten Filmen ausschließlich nach der Differenzierung der Grauwerte ausgesucht wurden bzw. werden. So haben die Kleidungsstücke der Schauspieler farblich häufig überhaupt nicht zusammengepaßt, da es dem Kostümbildner ausschließlich darauf ankam, wie die Farben im Schwarz-Weiß-Film wirken.

52 Vgl. Kameramann Nr.3, 1985, S.156.

Bis die Technik der Kolorierung[53] soweit ausgereift war, daß die Filme wirtschaftlich ausgewertet werden konnten, vergingen noch etwa zehn Jahre.[54] Die ersten kolorierten Spielfilme[55] wurden im Jahre 1985 im amerikanischen Fernsehen gezeigt.

Die Kolorierung eines Spielfilmes dauert zwischen einem und mehreren Monaten. Die Kosten dafür werden mit US-$ 180 000 [56] bis zu 300 000 [57] angegeben.

II. Zulässigkeit der Kolorierung im Hinblick auf das Urheberpersönlichkeitsrecht des Filmregisseurs[58]

1. Vorliegen einer Beeinträchtigung

Die Kolorierung greift nicht in das Originalnegativ des Schwarz-Weiß-Filmes ein. Vielmehr wird das Originalnegativ in seiner ursprünglichen Form

---

53 Es gibt inzwischen verschiedene Verfahren zur Kolorierung, die auch sehr unterschiedliche Resultate aufweisen. Ein Eingehen auf die verschiedenen Qualitätsstufen der einzelnen Verfahren würde den Rahmen dieser Arbeit jedoch sprengen.

54 Noch im Jahre 1985 wurde in der deutschen Fachzeitschrift für Bildaufnahme-,Ton-und Fernseh-Technik "Kameramann", Nr.3, 1985 S. 156, von einer "Kuriosität aus den USA" gesprochen: "Alte Schwarz-Weiß-Filme können Farbe bekommen".

55 Darunter "Der Malteser Falke" von John Huston (1941) und "Jankee Doodle Dandy" von Michael Curtiz (1942); die Presse befand hierbei angeblich , daß Humphrey Bogart im "bunten" "Maltese Falcon" aussehe, als habe man ihm ein Pfannkuchen-Make-up verpaßt, indessen die bekannte Introduktion des Filmes über die Golden-Gate-Bridge hinweg schauerlich in Lila schillerte, und von James Cagney in "Jankee Doodle Dandy" sagte ein Kritiker angeblich, sein Gesicht schimmere so unheimlich wie die eingecremte Haut eines Sonnenanbeters, so Weber in Kameramann,Nr. 3, 1987, S. 4; Auch sollen die Farben häufig nicht exakt begrenzt gewesen sein und einer sich bewegenden Figur nicht selten hinterhergelaufen sein,so v.Lewinski/Dreier, GRUR Int. 1989, S. 635.

56 So Weber in Kameramann Nr.3, 1987 S. 4

57 v.Lewinski/Dreier, GRUR Int. 1989, S. 635

58 Vgl. hierzu die Aufsätze von Platho, "Colorization" und die Möglichkeit ihrer Verhinderung durch die Mitwirkenden am Filmwerk, GRUR 1987, S. 424 ff; sowie "Blaue Augen, braune Schnalle" Neue Medien, 11/1987, S. 76 ff; vgl. auch die Entscheidungen im Fall "John Huston" der Cour d'appel Paris, GRUR Int. 1998, 937 ff (mit Anmerkung von Andre Francon, GRUR Int. 1989, 941 und v. Lewinski/Dreier, GRUR Int. 1989, S. 641 ff.) und der Cour de cassation GRUR Int. 1992, 304, (mit Anmerkung von Bernard Edelman, GRUR Int. 1992, 260) welche sich jedoch in erster Linie mit dem anwendbaren Recht und kaum mit dem Problem der Kolorierung auseinandersetzen; vgl. im Anschluß an die Entscheidung,

erhalten.[59] Jedoch wird die eingefärbte Filmkopie gesendet, vervielfältigt und verbreitet. Damit liegt eine Veränderung des Filmwerkes vor, die im Rahmen des § 93 UrhG zu überprüfen ist.[60]

Die Kolorierung ist eine objektiv nachweisbare Änderung des vom Filmregisseur gestalteten Filmwerkes. Eine Beeinträchtigung liegt damit vor.

2. Eignung zur Interessengefährdung

Die Eignung zur Interessengefährdung wird durch die Kolorierung des Filmes, bzw. durch die Auswertung des kolorierten Filmes, indiziert.

Etwas anderes gilt jedoch dann, wenn der Regisseur zu erkennen gegeben hat, daß er nichts gegen die Kolorierung einzuwenden hat.[61]

3. Interessenabwägung

Im folgenden ist insbesondere auf die Eingriffe in die Schwarz-Weiß-Komposition des farblosen Filmes durch die Kolorierung einzugehen. Dabei werden die maßgeblichen Aspekte der Schwarz-Weiß-Gestaltung eines Filmes und die Auswirkungen der Kolorierung auf diese erörtert.

3.1. Intensität des Eingriffs

Die Komposition eines Schwarz-Weiß-Films weicht erheblich von der Komposition eines Farbfilmes ab, denn beim Schwarz-Weiß-Film kann die Realität mit ihren Farben nicht wiedergegeben werden. Vielmehr muß eine

---

59 Wenn nicht sogar verbessert, denn die Kolorierungsfirmen restaurieren und konservieren die von ihnen kolorierten Filme, vgl.Report of the Register of Copyrightg Technical Alterations to Motion Pictures March 1989, S.74 ff

60 Schricker/Dietz, § 14, Rdnr. 23.

61 Der französiche Filmregisseur Henri Verneuil etwa befürwortet die nachträgliche Kolorierung alter Schwarzweiß-Filme. Angeblich findet er die Idee, seinen 1959 gedrehten Schwarzweiß-Film "La Vache et le Prisonnier" zu kolorieren schlicht "hinreißend"., so Film und Fakten 9/1990, S. 25.

"Scheinfarbigkeit"[62] durch die Abstufung von Grautönen geschaffen werden. Diese Grautonabstufung kann beim Zuschauer dennoch niemals die gleiche Wirkung wie die realen Farben im Farbfilm erzielen. Die Darstellung in Schwarz-Weiß zeigt eine "andersartige Wirklichkeit", die immer eine Verminderung des Realitätsgefühls zur Folge hat. Dementsprechend müssen zur Gestaltung des Schwarz-Weiß-Filmes andere Gestaltungsmittel eingesetzt werden um bestimmte Wirkungen zu erzielen.

3.1.1. Der Kontrast

Der einzige Kontrast im Schwarz-Weiß-Film sind die unterschiedlichen Grautöne. Diese Grautöne unterscheiden sich wiederum nur in ihrem Helligkeitsgrad. Die Dinge und Gestalten des Schwarz-Weiß Filmes grenzen sich daher von sich aus weit weniger scharf voneinander ab, als dies im Farbfilm der Fall ist. Um eine differenzierte Abgrenzung der Dinge und Gestalten im Schwarz-Weiß-Film zu erreichen, ist daher eine Abstimmung der Grautöne erforderlich, die ausgewogene Kontraste schafft. Diese Grauton-Abstimmung muß bereits bei den Dreharbeiten erfolgen, d.h., daß sich bereits die Auswahl der bei den Dreharbeiten verwendeten Farben von Ausstattungsgegenständen, Kostümen[63] und Maske[64] nach den gewünschten Kontrasten richtet. Die ursprünglichen, natürlichen Farben müssen dabei häufig anderen Farben weichen, damit im Schwarz-Weiß-Film ein ausgewogener Kontrast geschaffen wird. Denn Farben, die bei natürlicher Wahrnehmung große Helligkeitsunterschiede aufweisen, verfügen bei Schwarz-Weiß-Aufnahmen häufig über nur sehr geringfügige Unterschiede. Dies ist etwa bei den Farben grün und rot der Fall.[65] Je nach dem erwünschten Kontrast, der im Schwarz-

---

62 Iros, S. 167.

63 Die Farben der Kostüme werden ausschließlich nach ihren Grauwerten ausgewählt. So kommt es, daß die Schauspieler Kostüme anhaben, die farblich überhaupt nicht zusammenpassen.

64 Die Schauspieler werden unter Berücksichtigung der Grauwerte geschminkt. Soll ein Gesicht etwa verschwitzt wirken, so muß der Schauspieler in einem Blauton geschminkt werden.

65 Kandorfer S. 56.

Weiß-Film gegeben sein soll, werden die Farben anhand der Helligkeitswerte, die sie in Schwarz-Weiß aufweisen, ausgewählt.

3.1.2. Die Tiefe und die Perspektive

Die beweglichen Objekte, die im Schwarz-Weiß-Film abgebildet werden, sind an sich zweidimensional zu sehen und gehen in einer Fläche ineinander über.[66] Diesen zweidimensionalen Gestalten kann durch eine geschickte Ausleuchtung "ein Hauch von Räumlichkeit"[67] gegeben werden. Dies wird im Bereich der Lichtperspektive mit Licht und Gegenlicht, sowie mit dem Verhältnis von Licht und Schatten erreicht.[68] Im Bereich der Luftperspektive kann Räumlichkeit durch eine Veränderung der Lichtstärke und Sichtschärfe erreicht werden.[69] Tiefenperspektive ist beim Schwarz-Weiß-Film kaum zu erreichen. Die "Ferne" im Schwarz-Weiß-Film ist ein Nebel, die Dinge dort sind kaum zu sehen und wenn, dann unscharf.[70] Im Farbfilm dagegen verleihen die Farben den Bildern Tiefe und Perspektive.[71] Denn der Farbton und die Farbstärke verändern sich je nachdem, wie weit ein Gegenstand von unserem Gesichtsfeld entfernt ist.[72]

3.1.3. Beziehung der Formen

Die charakteristische Äußerung der Gegenstände und Gestalten ist im Schwarz-Weiß-Film der Umriß, beim Farbfilm dagegen die Farbe.[73] Die Beziehungen der Formen sind beim Schwarz-Weiß-Film daher ganz andere als beim Farbfilm.[74]

---

66 Karsten, S. 40.

67 Karkosch, S.19.

68 Karkosch, S.19.

69 Karkosch, S.19.

70 Balázs, S.138.

71 Karsten, S.40.

72 Karkosch, S.19.

73 Karsten, S.40.

74 Balázs, S.137.

Einfluß hat dies insbsondere bei Überblendungen im Film und beim Schnitt des Filmes. Denn wenn sich beim Schwarz-Weiß-Film eine Überblendung auf Umrißähnlichkeiten gründet, so entfaltet sich die Wirkung dieser Überblendung im Farbfilm nicht. Balázs[75] führt hierzu aus, daß mancher Schnitt und manche Überblendung, die von der Ähnlichkeit oder von dem Kontrast der bloßen Form angeregt worden wären, sinnlos und falsch in einem Film wirkten, wo die Farbe den entscheidenden Charakter dem Gegenstand gibt. So fühle man irgendeine Beziehung, wenn in einem farblosen Film eine geballte und drohende Faust etwa überblendet in eine große Rose, die sich auf ihrem Stengel wiegt. Der graue Umriß zeige hier und dort eine Keule. Der Farbenunterschied würde hier jede Beziehung zerreißen.[76]

Der Schwerpunkt der formalen Gestaltung liegt beim Schwarz-Weiß-Film also auf der Wirkung der Formen zueinander. Beziehungen zwischen den einzelnen Filmbildern werden durch Formen ausgedrückt. Die Formen bekommen symbolischen Charakter. Der Zuschauer verbindet mit den Formen bestimmte Bedeutungen. Im Farbfilm dagegen schaffen Farbähnlichkeiten und Farbkontraste häufig die Verbindung zwischen den einzelnen Filmbildern.[77] Auch haben Farben große Symbolkraft, die beim Zuschauer bestimmte Bedeutungsvorstellungen und Gefühlswirkungen hervorrufen.[78] Die Farbe stellt daher ein formales Gestaltungsmittel dar.[79] Aufgrund der Farbigkeit der Formen kommt dagegen das Gestaltungsmittel der Formen im Farbfilm häufig nicht zur Wirkung.

---

75 Balázs, S.137.

76 Balázs, S.137.

77 Hierzu ausführlich Mehnert, S. 373 ff.

78 Hagemann, S.38.

79 Als die ersten Farbfilme gedreht wurden, wurde ein "Farbregisseur" eingesetzt, der nichts anderes zu tun hatte, als die Farbwirkungen auf ihre ästhetische und psychologisch günstigste Verwendungsmöglichkeit zu untersuchen und danach einzusetzen, Karsten, S. 40.

3.1.4. Der Schnitt

Beim Schnitt des Schwarz-Weiß-Filmes gilt die Regel, daß die formale Kontinuität gewahrt werden muß.[80] Das heißt, daß etwa eine Totale nicht an eine Nahaufnahme angefügt werden soll. Ansonsten gibt es beim Zuschauer einen "visuellen Ruck"[81], und dies "wirkt meistens wie ein Holpern im Fluß der Bilder, wie ein Klebefehler des Films".[82]

Beim Farbfilm dagegen kommt es beim Schnitt wiederum in erster Linie auf die Farbkontinuität, nicht jedoch auf die Kontinuität der Formen an. So gibt es bestimmte Farben, die aneinander geschnitten werden können, bei anderen dagegen wirkt ein Schnitt disharmonisch und unterbricht den "Fluß der Bilder".[83]

3.1.5. Wirkung der Kolorierung auf die Komposition des Schwarz-Weiß-Filmes

Durch die Kolorierung werden die im Schwarz-Weiß-Film ausschließlich durch Abstufung der Grautöne bestehenden Kontraste nunmehr aufgrund von Farben gebildet. Infolge der dann bestehenden Farbunterschiede grenzen sich die Gegenstände und Gestalten weit schärfer voneinander ab, als dies im Schwarz-Weiß-Film der Fall war. Die vom Regisseur absichtsvoll vorgenommene, allein für den Schwarz-Weiß-Film taugliche Komposition der Kontraste, geht damit verloren.

Auch bekommt der ursprünglich schwarz-weiße Film durch die Kolorierung natürlich keine Tiefenschärfe verpaßt. Vielmehr bekommt die "Ferne" im Film ein unnatürliches Aussehen.

---

80 Balázs, S.137.

81 Balázs, S.138.

82 Balázs, S.138.

83 Balázs, S.139.

Die Beziehungen der Formen zueinander, die im Schwarz-Weiß-Film eine maßgebliche Rolle spielen, können durch die Kolorierung nicht mehr wirken. Durch das Einfärben fällt einerseits die Symbolkraft der Formen weg und es kommt andererseit die Symbolkraft der Farben zum Tragen. Da dies jedoch zwei völlig verschiedene Wirkungsmechanismen sind, können sie nicht beliebig ausgetauscht werden. Insofern ist an dieser Stelle nochmals auf das von Balázs genannte Beispiel einzugehen: Nur im Schwarz-Weiß-Film kann die Veränderung der Form - geballte Faust wird zur Rose, die sich auf ihrem Stengel wiegt - ihre Wirkung entfalten. Effekte dieser Art werden durch die Kolorierung zunichte gemacht. Das formale Gestaltungsmittel der Beziehung der Formen kann seine Wirkung nicht mehr entfalten.

Weiterhin ist die formale Kontinuiät des ursprünglich schwarz-weißen Filmes nach der Kolorierung nicht mehr gegeben, da der Schwarz-Weiß-Film nach anderen Kriterien geschnitten wird als der Farbfilm.

3.2. Wirtschaftliche Interessen des Filmherstellers an der Kolorierung

Für den Filmhersteller bringt die Kolorierung von Schwarz-Weiß-Filmen neue Auswertungsmöglichkeiten mit sich. Insbesondere die Auswertung von kolorierten Filmklassikern schafft - jedenfalls in US-Amerika - beträchtliche Einnahmen, die mit den Schwarz-Weiß-Fassungen der Filme nicht mehr zu erreichen waren.[84]

Ob diese Entwicklung auch in Deutschland eintreten wird, ist bisher fraglich, da die Kolorierung von Filmen, bzw. die Auswertung kolorierter Filme, hier bislang eine geringe Rolle spielt. Dies ist möglicherweise jedoch allein darauf zurückzuführen, daß es in Deutschland bislang kein Unternehmen gibt, welches Kolorierungen vornimmt.

---

84 Da Kolorierungen hauptsächlich an den Filmen vorgenommen werden, die bereits in der Schwarz-Weiß-Version Publikumserfolge waren, haben sich diese Filme bereits durch die Kino- und Fernsehauswertung in ihrer Originalversion amortisiert, so etwa "Casablanca", "Dr.Jekyll and Mr. Hyde", "The Postman Always Rings twice", "Asphalt Jungle" vgl. Auflistung in Report of the Register of Copyright "Technical Alterations to Motion Pictures" March 1989, S. 113.

Nach Angaben der "Color Systems Technology Inc.", einer Firma, die sich mit der Kolorierung von Schwarz-Weiß-Filmen beschäftigt, konnte wiederholt bewiesen werden, daß das Publikum weltweit Farbfilme den Filmen in Schwarz-Weiß vorzieht.[85] Gerade in Europa würde das Videopublikum Schwarz-Weiß-Filme noch weniger akzeptieren als in US-Amerika.[86] Kolorierte Altfilme ließen sich dementsprechend besser verkaufen als die Original-Schwarz-Weiß-Filme.[87]

Auch in Deutschland werden derzeit bereits zahlreiche kolorierte Schwarz-Weiß-Filme auf dem Videomarkt angeboten[88] und im deutschen Fernsehen wurden bereits kolorierte Filme ausgestrahlt.[89] Dies ist zum einen auf den ständig wachsenden Bedarf an Filmmaterial auf dem Video- sowie auf dem Fernsehmarkt zurückzuführen, der durch Neuproduktionen nicht gedeckt werden kann. Zum anderen ist die Kolorierung eines alten Schwarz-Weiß-Filmes wesentlich kostengünstiger als eine Neuproduktion.[90]

---

85 Report of the Register of Copyright "Technical Alterations to Motion Pictures" March 1989, S. 47; In US-Amerika soll eine Umfrage ergeben haben, daß 40% des US-Amerikanischen Publikums gegen die Kolorierung alter Schwarzweiß Filme wäre und 60% dafür. Auch wären in US-Amerika in den ersten sechs Monaten, seit der Film "The Maltese Falcon" koloriert auf Video erhältlich war, fünfmal soviele Videokassetten davon verkauft worden wie in den letzten zehn Jahren von den Schwarzweiß-Kassetten, Report of the Register of Copyright "Technical Alterations to Motion Pictures" March 1989, S. 79.

86 Report of the Register of Copyright "Technical Alterations to Motion Pictures" March 1989, S. 61.

87 Weiterhin ist anzunehmen, daß das Publikum allein aufgrund der Tatsache, daß ein alter Schwarzweiß-Film koloriert ist, wieder mehr Interesse an diesem Film bekommt. So ist meines Erachtens nach die Faszination des US-amerikanischen Publikums an den kolorierten Filmklassikern zu erklären.

88 Etwa "Die korsischen Brüder" von Gregory Ratoff bei RCA/Columbia und "Miss Annie Rooney" Edwin Martin ebenfalls bei RCA/Columbia.

89 So zeigte SAT 1 am 31.12 1988 die kolorierte Fassung der Westernkomödie "Zwei ritten nach Texas" mit Stan Laurel und Oliver Hardy, vgl. Kameramann Nr. 1 Jahrgang 38, 20.01.1989, S. 24; Im Kulturspiegel der ARD am 20.01.1987 wurde ein Ausschnitt der kolorierten Fassung von "Yankee Doodle Dandy" gezeigt, Kameramann Nr.3, 1987, S.5.

90 Zur wirtschaftlichen Situation des deutschen Filmherstellers ist auf die Ausführungen oben, Teil 1, B III 6.3. zu verweisen.

3.3. Weitere Aspekte

Bei der Interessenabwägung zu berücksichtigen ist noch folgendes: Das Filmmaterial, das für die Produktion alter Filme, - insbesondere Filme, die vor 1950 gedreht worden sind, - verwendet worden ist, hat nur eine begrenzte Lebensdauer, denn das Material zersetzt sich mit der Zeit. So schätzen Filmarchivisten, daß bereits 80% aller amerikanischen Filme, die vor 1930 hergestellt worden sind, zerstört sind.[91] Die Firmen, die Kolorierungen von Schwarz-Weiß-Filmen vornehmen, restaurieren und konservieren die Original-Schwarz-Weiß-Versionen der Filme und erhalten sie dadurch.[92]

4. Ergebnis

Die Kolorierung greift in hohem Maße in die Komposition des Schwarz-Weiß-Filmes ein. Daher ist in der Kolorierung alter Schwarz-Weiß-Filme regelmäßig eine gröbliche Entstellung zu erblicken, die der Regisseur verbieten kann. Etwas anderes gilt dann, wenn der Schwarz-Weiß-Film nur über eine geringe Gestaltungshöhe verfügt und insbesondere keine nennenswerte geistig-schöpferische Leistung des Regisseurs im Hinblick auf die Schwarz-Weiß-Komposition gegeben ist. In diesen Fällen wird man dem Regisseur jedoch zugestehen müssen, daß im Titelvorspann bekanntgegeben wird, daß er sich von der kolorierten Fassung seines Filmes distanziert.

C. Werbeunterbrechungen

I. Allgemeines

Von Interesse im Rahmen dieser Arbeit ist ausschließlich die instrumentale Werbung. Instrumentale Werbung ist dadurch gekennzeichnet, daß die

---

91 Comments of Turner Broadcasting System, Inc.in Report of the Register of Copyright "Technical Alterations to Motion Pictures" March 1989, S 84.

92 Report of the Register of Copyright "Technical Alterations to Motion Pictures" March 1989, S.81.

Fernsehanstalt privaten Interessenten gegen Entgelt Sendezeiten in einem Werbeprogramm zur Wirtschaftswerbung zur Verfügung stellt. Unter medialer Werbung dagegen wird die Werbung verstanden, die als Wirkung von Teilen des Programms zufällig ausgeht.[93] Instrumentale Werbung wird überwiegend in sogenannten Werbeblöcken ausgestrahlt. Ein Werbeblock besteht dabei regelmäßig aus zwei oder mehreren Werbespots. Dieser Werbeblock wird zwischen den einzelnen abgeschlossenen Fernsehsendungen oder aber als Unterbrechung einer Fernsehsendung (sog. Unterbrecherwerbung) geschaltet.
Bei der Unterbrecherwerbung[94] wird die laufende Fernsehsendung unterbrochen, die Werbespots werden geschaltet und an genau der Stelle, an der der Film unterbrochen wurde, geht er nach dem Ende des Werbeblocks weiter.

93 Kühn, Neue Medien und Werbung, ZUM 1986, S. 370; zur Unterscheidung von instrumentaler und medialer Werbung ausführlich: Sack, "Zur wettbewerbsrechtlichen Problematik des Product Placement im Fernsehen", ZUM Sonderheft 1987, S.103 ff. Das sog "Product Placement" ist ein Zwischenfall, da es im Fernsehen ja nicht ausdrücklich als Werbung deklariert wird. Im Rahmen dieser Arbeit spielt das Product Placement keine Rolle, da es in der Regel nicht in den fertiggestellten Film eingefügt wird. Ausnahmen hierzu gibt es ausschließlich im Synchronbereich. So soll "James Bond" in der recht frei und werbewirksam übersetzten Synchronfassung des Filmes "Im Angesicht des Todes" den Firmennamen "Whiskas" erwähnt haben, so impulse 9/86 S. 139.

94 Federico Fellini äußerte sich zur Unterbrecherwerbung folgendermaßen "Werbespots in einem Film sind eine Aggression, eine Barbarei, ein Verbrechen, eine Beleidigung", vgl. Kameramann Nr. 7, 1989, S. 20.

II. Zulässigkeit von Werbeunterbrechungen im Hinblick auf das Urheberpersönlichkeitsrecht des Regisseurs[95]

1. Vorliegen einer Beeinträchtigung

Die Unterbrechung eines Spielfilmes durch Werbung stellt objektiv eine Änderung des Gesamteindrucks des Filmwerkes dar. Zwar wird auch bei der Unterbrecherwerbung das Originalnegtiv nicht in seiner Substanz verändert, jedoch wird das durch Werbung unterbrochene Filmwerk der Öffentlichkeit in einer veränderten Gestalt dargeboten. Diese veränderte Ausstrahlung ist im Rahmen des § 93 UrhG zu prüfen.

2. Eignung zur Interessengefährdung

Der Filmregisseur wird grundsätzlich daran interessiert sein, daß sein Filmwerk ohne Unterbrechung im Fernsehen ausgestrahlt wird. Durch die Unterbrecherwerbung ist die Eignung zur Interessengefährdung daher indiziert.

Etwas anderes gilt jedoch dann, wenn der Regisseur im Hinblick darauf, daß sein Filmwerk bei der Ausstrahlung im Fernsehen durch Werbung unterbrochen werden soll, sogenannte Sollbruchstellen im Film vorgesehen hat. Wird der Film dann an diesen vorgesehenen Stellen durch Werbung unterbrochen, entfällt die Indizwirkung.

---

95 Vgl. Liuzzo, Die Verletzung des Urheberpersönlichkeitsrechts durch Werbeeinblendungen im Fernsehprogramm, GRUR Int.1989, S.111, der insbesondere die Situation in Italien beschreibt. In Italien hat das Problem der Unterbrecherwerbung hohe Wellen geschlagen, da dort eine Regelung zur Beschränkung der Anzahl der Unterbrechungen fehlt. Insbesondere durch die privaten Fernsehsender wurden Spielfilme regelmäßig durch Werbung zerstückelt. Durch ein Urteil, das etwa von Prosinger, Kameramann,Nr. 11, Jahrgang 38, 1989 als "revolutionär" bezeichnet wird, hat das CORTE DI APPELLO DI ROMA mit Urteil vom 16.10.1989 (abgedruckt in Il DIRITTO DI AUTORE, 1990, Nr. 1, S. 98 ff.) befunden, daß jegliche Werbeunterbrechung eine Veränderung der Identität des Werks bedeute und folglich die Rechte des Regisseurs verletze. Der Sohn des verstorbenen Regisseurs Pietro Germi, der in der Ära des Neorealismus seine großen Filme drehte hat gegen Berlusconi geklagt, da dieser den Film "Serafino" seines Vaters gespickt mit Werbespots gesendet hatte. Die Klage wurde in erster Instanz abgewiesen. Das römische Berufungsgericht gab ihr statt.

3. Interessenabwägung

Im Rahmen der Interessenabwägung ist in erster Linie auf die filmischen Gestaltungsmittel einzugehen, die durch eine Unterbrechung durch einen Werbeblock beeinträchtigt werden.

3.1. Intensität des Eingriffs

3.1.1. Anzahl der Unterbrechungen

Die Intensität des Eingriffs bei der Unterbrecherwerbung richtet sich in erster Linie nach der Anzahl der Unterbrechungen während eines Filmes. Je mehr Unterbrechungen stattfinden, je intensiver ist der Eingriff.

In der Bundesrepublik Deutschland ist die Anzahl bzw. die Häufigkeit der zulässigen Unterbrechungen durch den Rundfunkstaatsvertrag vom 01.01.1992[96] für den Rundfunk gesetzlich geregelt. Nach Art 1 § 13 Abs. 3 RfStV dürfen Fernsehsendungen des öffentlich-rechtlichen Rundfunks - mit Ausnahme von Kindersendungen und Gottesdiensten - von mehr als 45 Minuten Dauer einmal eine Werbeeinschaltung enthalten. Die privaten Fernsehveranstalter dürfen gemäß Art 1 § 26 Abs. 4 RfStV Kinospielfilme und Fernsehfilme - mit Ausnahme von Kindersendungen - einmal je vollständigem 45-Minuten-Zeitraum für die Einfügung eines Werbeblocks unterbrechen. Eine weitere Unterbrechung ist zulässig, wenn diese Sendungen mindestens 20 Minuten länger dauern als zwei oder mehr vollständige 45-Minuten-Zeiträume. (Für Serien, Reihen, leichte Unterhaltungssendungen und Dokumentarsendungen gilt diese Regelung nicht.)

3.1.2. Bruchstelle

Die Intensität des Eingriffs ist weiterhin nach der für die Unterbrechung gewählten Bruchstelle zu beurteilen. So gibt es Szenen in jedem Film, die durch

96 Staatsvertrag abgedruckt in v.Hartstein/Ring/Kreile, Kommentar zum Staatsvertrag der Länder zur Neuordnung des Rundfunkwesens, Stand 09/1992.

eine Unterbrechung besonders beeinträchtigt und andere, die weniger beeinträchtigt werden. Die Stärke der Beeinträchtigung richtet sich insbesondere danach, inwieweit der Rhythmus des Filmes unterbrochen wird.

Der Rhythmus des Films gliedert sich in Erzählrhythmus, Rhythmus des Schnitts und Bildrhythmus. Als Erzählrhythmus wird dabei der Rhythmus bezeichnet, in dem die Geschichte, die der Film erzählt, dargestellt wird.

Der Rhythmus des Schnitts[97] ist durch das Verhältnis der Einstellungen zueinander gekennzeichnet.[98] Das Verhältnis der Einstellungen zueinander wird dementsprechend durch den Schnitt bestimmt. Für einen rhythmisch wirkenden Schnitt ist die formale Gestaltung der Übergänge von größter Bedeutung.[99] Je nachdem, ob ein erregter und stockender oder aber ein ruhiger und getragener Rhythmus erwünscht ist, wird "hart" oder "fließend" geschnitten.[100] Der sogenannte "harte Schnitt" fügt dabei zwei Bilder mit starkem visuellem Gegensatz aneinander oder bricht eine Bewegung ab und leitet zu einer andersartigen Bewegung über.[101] Der sogenannte "fließende Schnitt" gestaltet die Übergänge von Einstellung zu Einstellung unauffällig und konzentriert die Aufmerksamkeit auf die jeweils ablaufende Handlung.[102] Zwischen den zusammengefügten Bildern besteht hier kein visueller Gegensatz.[103]

Der Bildrhythmus ist durch die Bewegungen innerhalb der Einstellungen und durch die Richtung dieser Bewegungen gekennzeichnet.[104] Er stellt damit das "geregelte Verhältnis des Wechsels von Spannung und Lösung" [105], eine

97 Beim Schnitt werden die gedrehten Einstellungen auf die gewünschte Länge zugeschnitten und mit anderen Einstellungen zusammen geklebt, vgl.Monaco, Film verstehen, S.396.

98 Iros, S.568.

99 Iros, S.569.

100 Iros, S.569.

101 Iros, S.569.

102 Hierzu ausführlich Monaco, Film verstehen, S.203.

103 Balázs, Der Film, S.133.

104 Iros, S.568.

105 Groschopp, S.29.

"Schwungkraft, die anschwillt und ausklingt", dar. [106] Von diesem Auf und Ab der Spannung lebt die fliessende Bewegung des Filmes.

Stimmen die Rhythmen des Films harmonisch zusammen, so wird der Film zu einem "Werk aus einem Guß"[107]. Diese Wirkung ist gerade deshalb so bedeutsam, weil sie vom Zuschauer nicht bewußt wahrgenommen wird. Der Zuschauer taucht in den Rhythmus des Filmes ein und verweilt darin, solange er nicht unterbrochen wird.

3.1.3. Wirkung der Werbeunterbrechung auf den Rhythmus des Filmes

Durch die Werbeunterbrechung wird der Erzählrhythmus des Filmes gestört. Insbesondere bei einer Unterbrechung während einer Schlüsselszene wird der Zuschauer aus der Spannung herausgerissen und in eine völlig andere Stimmung versetzt. Der Spannungsbogen wird damit zerstört. Der Zuschauer wird aus der "Filmwelt" in die Wirklichkeit zurückgeholt. Wird der Film nach der Werbeeinschaltung an der Stelle, an der er unterbrochen wurde, weitergesendet, so ist die Spannung beim Zuschauer natürlich weg. Der Zuschauer muß sich neu auf den Film einstellen.

Die Unterbrecherwerbung beeinträchtigt weiterhin den Rhythmus des Schnitts, da durch die Unterbrechung ein Schnitt erfolgt, den der Regisseur an dieser Stelle nicht vorgesehen hat. Intensiv ist diese Beeinträchtigung jedoch nur dann, wenn ein Film mehrmals durch Werbung unterbrochen wird.

Der Rhythmus des Bildes wird nur dann unterbrochen, wenn die Werbeunterbrechung während einer Einstellung stattfindet. Setzt die Unterbrechung während einer Einstellung ein, so kann dies eine intensive Beeinträchtigung darstellen. Dies ist an folgendem einfachen Beispiel[108] ersichtlich: Ein Auto fährt quer durch das Bild und der Schnitt (hier die Unterbrechung zum Zwecke der Werbeeinblendung) erfolgt, bevor sich das Auto nicht wenigstens dem

---

106 Groschopp, S.29.

107 Groschopp, S.29.

108 Aus Groschopp, S.29.

Bildrand genähert hat. Das Bewegungs - "Auf" findet dann kein "Ab". Dem Zuschauer wird diese Wirkung nicht bewußt, jedoch läßt die Unterbrechung der Einstellung bevor der Bewegungsablauf einen Abschluß gefunden hat, ein unbefriedigtes Gefühl bei ihm zurück.

3.2. Wirtschaftliche Interessen der Auswerter an den Werbeeinblendungen

Die Fernsehanstalten, insbesondere die privaten, sind auf Werbeeinnahmen angewiesen.

Um sich einen möglichst hohen Anteil an Werbeeinnahmen zu sichern, bieten die Fernsehanstalten inzwischen Werbezeiten an, die während eines Programms und nicht zwischen zwei Programmen geschaltet werden. Besonders interessant für die Werbewirtschaft sind dabei die Werbezeiten, die während eines Spielfilms geschaltet werden, da Spielfilme in der Regel höhere Einschaltquoten als das vom Fernsehveranstalter eigenproduzierte Programm haben.[110] Weiterhin kann sich der Zuschauer der Unterbrecherwerbung nicht so leicht entziehen, wie der Werbung, die zwischen zwei Programmteile geschaltet wird.[111] Auch wird angenommen, daß der Zuschauer bei einer Unterbrechung des Filmes während einer Schlüsselszene von den zwischengeschalteten Werbespots am stärksten beeindruckt ist.[112]

---

110 Fernsehinformation 5/1991, 264.

111 Untersuchungen in den USA haben ergeben, daß 30 - 50% der Fernsehzuschauer aus- bzw.umschalten, sobald ein Werbeblock zwischen zwei Programmen geschaltet wird, vgl. Henning-Bodewig, BB 1986, Beilage 18,S.3.

112 Diese Argumente sind zwischenzeitlich jedoch in Frage gestellt. Der Zuschauer schaltet angeblich nicht nur bei überlangen Werbeblöcken zwischen zwei Programmteilen um oder aus, sondern auch bei einer Programmzerstückelung, vgl. Meyer-Hessemann, "Zwei Jahre Erprobung der Nutzung neuer Massenkommunikationstechniken in NRW", ZUM 1987, S.414.

Der Fernsehveranstalter hat damit ein rein finanzielles Interesse an der Werbeunterbrechung.

Indirekt von Interesse auch für den Filmregisseur ist dies insofern, als sich die öffentlich-rechtlichen Fernsehanstalten immer häufiger an der Herstellung von Spielfilmen beteiligen. Bis 1988 haben ARD und ZDF insgesamt 311 Spielfilme mithergestellt und mit DM 372 Mio. bezuschußt.[113] Diese Gelder wurden von ARD und ZDF auch durch Werbesendungen eingenommen.

4. Ergebnis

Eine einmalige Werbeunterbrechung während eine Filmes stellt dann eine gröbliche Entstellung dar, wenn sie während einer Schlüsselszene des Filmes geschaltet wird und den Erzählrhythmus dadurch erheblich beeinträchtigt. Der Regisseur kann eine solche Unterbrechung seines Filmes verbieten.

Wird die Werbeunterbrechung dagegen an einer Stelle vorgenommen, die sich für eine Unterbrechung vom Erzähl- und Bildrhythmus und hinsichtlich des Rhythmus des Schnittes eignet, so wird eine gröbliche Entstellung des Filmwerkes nicht vorliegen.[114]

Wird ein Film jedoch mehrmalig durch Werbung unterbrochen, so wird die Beeinträchtigung von Erzähl- und Bildrhythmus sowie vom Rhythmus des Schnittes regelmäßig so intensiv sein, daß sie eine gröbliche Entstellung des Filmwerkes darstellen, die der Regisseur nicht hinzunehmen hat.

---

113 Fernsehinformation, 42.Jahrgang, Mai 1991, S.264

114 Zu beachten ist insoweit, daß in den fünfziger und sechziger Jahren nahezu jeder Kinofilm für eine Pause unterbrochen worden ist.

D. Einblendung des Logos eines Fernsehsenders[115]

I. Allgemeines

In den letzten Jahren gehen immer mehr Fernsehsender - die öffentlich-rechtlichen ebenso wie die privat-rechtlichen - dazu über, ihr Bildzeichen, das sogenannte Logo während der Sendung von Filmen ununterbrochen oder von Zeit zu Zeit in einer Ecke des Bildschirmes einzublenden.

II. Zulässigkeit der Einblendung des Logos im Hinblick auf das Urheberpersönlichkeitsrecht des Filmregisseurs

1. Vorliegen einer Beeinträchtigung

Die Einblendung des Logos greift nicht in das Originalnegativ des Filmes ein. Da das Filmwerk durch die Einblendung des Logos jedoch in veränderter Form gesendet wird und eine Verletzung des Urheberpersönlichkeitsrechts allein durch die veränderte Wiedergabe eines Werkes eintreten kann, ist auch in diesem Falle eine Prüfung im Rahmen des § 93 UrhG vorzunehmen.

2. Eignung zur Interessengefährdung

Die Eignung zur Interessengefährdung wird durch die Einblendung des Logos und die dadurch bedingte Ausstrahlung des Filmes in veränderter Form indiziert.

Fraglich könnte dies hinsichtlich der Spielfilme sein, die derzeit produziert werden. Denn jeder Regisseur, der heute seine Rechte zur Fernsehsendung überträgt, weiß, daß die Fernsehanstalten ihr Logo bei der Sendung auch von Spielfilmen einblenden. Allein in der Übertragung der Senderechte wird jedoch

115 Vgl. hierzu Urteil des Tribunal de grande instance de Paris, vom 29.06.1988 in GRUR Int.1989, S. 936 f,(mit Anmerkung von v.Lewinski), nach dem die ununterbrochene Einblendung des Logos der Fernsehanstalt "La Cinq" das Recht des Filmurhebers auf Achtung seines Werkes verletzt, wenn der Urheber die Einblendung formell verbietet oder sie nicht ausdrücklich genehmigt.

eine stillschweigende Einwilligung zur Einblendung des Logos nicht gesehen werden können.

3. Interessenabwägung

3.1. Intensität des Eingriffs

Das Logo stellt sich als Fremdkörper im Bild dar und beeinträchtigt damit die Bildkomposition. Wie in Teil 2 A.IV. 3.1. ausgeführt, komponiert der Regisseur seinen Bildausschnitt ähnlich wie ein Maler sein Gemälde. Diesem Bildausschnitt ein Logo hinzuzufügen, verändert den Bildeindruck erheblich. Das Logo überdeckt einerseits einen Teil des Bildes und andererseits versetzt es den Zuschauer immer, wenn er auf das Logo aufmerksam wird, aus der Filmgeschichte in die Realität zurück. Der Zuschauer wird damit aus dem Fluß des Filmes herausgerissen, sobald sein Blick auf das Logo fällt.

Eine besondere Beeinträchtigung verursacht das Logo dann, wenn es nur von Zeit zu Zeit eingeblendet wird, denn der Zuschauer wird bei jeder Ein- und Ausblendung darauf aufmerksam gemacht.

3.2. Interessen der Fernsehanstalt an der Einblendung des Logos

3.2.1.Schutz vor Piraterie

Die Einblendung des Logos soll nach Angaben der Fernsehanstalten unter anderem die unerlaubte Wiedergabe der gesendeten Spielfilme zu kommerziellen Zwecken durch sogenannte Piratensender verhindern.[116] Die Piratensender schneiden Fernsehsendungen anderer Sender mit und senden sie zeitversetzt, in der Regel über Satellit weiter.[117] Der Schaden, den die Piratensender durch Filmpiraterie anrichten, düfte jedoch - jedenfalls im Vergleich zur Videopiraterie - verschwindend gering sein, da ein Piratensender kostspielige technische Einrichtungen benötigt und die Anzahl der Piratensender

116 Vgl. v.Lewinski, GRUR Int.1989, S.937.

117 Vgl. hierzu v.Gravenreuth, S.24.

allein daher nicht groß sein dürfte. Dementsprechend gering ist das Interesse der einzelnen Fernsehanstalt an der Verhinderung der Filmpiraterie zu bewerten.

Kaum eine Rolle dürfte weiterhin der Mitschnitt von Spielfilmen im Fernsehen zu Zwecken der Vervielfältigung und Verbreitung von entsprechenden Videokassetten spielen. Denn Videopiraten sind in erster Linie an Spielfilmen interessiert, die noch vor oder kurz nach dem Kinostart stehen.[118] Der Auswertung von Spielfilmen im Fernsehen geht jedoch regelmäßig die Kino- sowie die Videoauswertung voraus. Ein Spielfilm, der im Fernsehen ausgestrahlt wird, dürfte für Videopiraten aus diesem Grund uninteressant sein. Auch insoweit besteht daher kein Anlaß für die Fernsehanstalt, ihr Logo während der Ausstrahlung von Spielfilmen einzublenden.

3.2.2. Orientierung für den Zuschauer

Die Fernsehanstalten begründen das Einblenden des Logos auch damit, daß der Zuschauer ansonsten keine Orientierung habe, in welchem Programm er sich befände. Dies gelte insbesondere, seit immer mehr Fernsehsehanstalten Programme senden würden.[119]

Als besonders gewichtiges Argument erscheint dies indes nicht. Zum einen weiß der Zuschauer in der Regel, in welchem Kanal er welchen Sender eingestellt hat und der eingestellte Kanal wiederum wird von fast allen Fernsehgeräten selbständig angezeigt. Zum anderen kommt es für den Zuschauer nicht darauf an, in welchem Sender er sich gerade befindet.

Das Bildzeichen dürfte daher wohl allein zum Zwecke der Eigenwerbung eingeblendet werden.

---

118 Vgl. hierzu v.Gravenreuth, S.218.

119 Vgl. hierzu Urteil des Tribunal de grande instance de Paris, vom 29.06.1988 in GRUR Int.1989, S. 936 f, mit Anmerkung von v.Lewinski.

3.3. Ergebnis

Da ein hochrangiges Interesse der Fernsehanstalt an der Einblendung des Logos nicht ersichtlich ist, ist die Einblendung des Logos auch bei Filmen mit geringer Gestaltungshöhe als gröbliche Entstellung anzusehen. Der Filmregisseur kann die Einblendung des Logos daher gemäß § 93 i. V. m. § 97 Abs.1 UrhG verbieten.

TEIL 3

Urheberpersönlichkeitsrechtliche Ansprüche ausländischer Filmregisseure in Deutschland

A. Problemstellung

1990 wurden in den deutschen Kinos insgesamt 304 Spielfilme erstaufgeführt.[1] Davon waren jedoch nur 48 Filme deutsche Produktionen.[2] Mit Abstand die meisten der erstaufgeführten Spielfilme, nämlich 154, kamen aus US.-Amerika.[3] Die klassischen europäischen Filmländer Frankreich, Italien und Großbritannien konnten insgesamt 55 Spielfilme erstaufführen, wobei 24 Filme aus Frankreich, 21 aus Großbritannien und 10 aus Italien kamen.[4] Ähnliches gilt für die Herkunftsländer von Spielfilmen, die im Fernsehen gesendet werden. So wurden 1989 15,5% der gesendeten Spielfilme in der BRD hergestellt, 45,3% in US-Amerika, 6,8% in Frankreich, 6,7 % in Italien und 9,3% in Großbritannien.[5] Ähnliches dürfte für die Videoauswertung gelten.

Die in Teil 2 beschriebenen Änderungen an fertiggestellten Filmwerken, bzw. die Auswertung veränderter Filmwerke in Deutschland werden auch an ausländischen Filmen vorgenommen. So blenden die Fernsehanstalten unabhängig davon, ob ein deutscher oder ein ausländischer Film gesendet wird, ihr Logo oder Werbeunterbrechungen ein. Ebenso finden Formatanpassungen für die Fernsehausstrahlung und die Videoauswertung auch an ausländischen Filmen statt. Kolorierte ausländische Filme werden im deutschen Fernsehen ausgestrahlt und auf dem deutschen Videomarkt angeboten.[6]

---

1 *Blickpunkt Film* vom 08.02.1991, S. 5.

2 *Blickpunkt Film* vom 08.02.1991, S. 5.

3 *Blickpunkt Film* vom 08.02.1991, S. 5.

4 *Blickpunkt Film* vom 08.02.1991, S. 7.

5 Vgl. *Media Perspektiven*, Basisdaten 1989, S. 26,27.

6 Vgl. hierzu Angaben in Teil 2. A IV. 3.2.

Es stellt sich nun die Frage, welchen Schutz ausländische Regisseure gegen Verletzungen urheberpersönlichkeitsrechtlichen Charakters in Deutschland genießen. Hierzu ist zunächst zu klären, welches materielle Urheberrecht, - ob in- oder ausländisches - für den Regisseur des ausländischen Filmwerkes anzuwenden ist. Besondere Bedeutung hat diese Frage aufgrund der divergierenden nationalen Vorschriften zur Urheberschaft am Filmwerk in den oben erwähnten Ländern. So sprechen etwa Großbritannien und die USA dem Filmregisseur kein Urheberrecht am Filmwerk zu. Dagegen erwirbt er in Deutschland, Frankreich und Italien originär ein Urheberrecht am Filmwerk.

Auch auf dem Gebiet des Urheberpersönlichkeitsrechts des Filmregisseurs, das den Gegenstand dieser Untersuchung bildet, ist die Situation in den untersuchten Ländern zum Teil von Grund auf verschieden. Im folgenden ist daher kurz auf die in den einzelnen Ländern gegebenen Situationen einzugehen.

B. Länderbericht über die nationalen Regelungen des Urheberrechts am Filmwerk sowie des Urheberpersönlichkeitsrechts in den klassischen europäischen Filmländern und den USA[7]

I. Frankreich

1. Inhaber des Urheberrechts am Filmwerk

Nach Art. 14 loi n°57-298[8] (im folgenden: loi (57)) zählen ebenso wie nach der novellierten Fassung des Art. 14 loi n° 85-660[9] (im folgenden: loi (85)) zu den Urhebern des Filmwerkes der Drehbuchautor, der Verfasser des vorbestehenden Werkes, der Verfasser des gesprochenen Textes, der Komponist der für das Filmwerk geschaffenen Filmmusik und der Filmregisseur.

---

7 Sämtliche der im folgenden erwähnten Gesetze sind in Möhring/Schulze/Ulmer/Zweigert, Quellen des Urheberrechts-Loseblattsammlung abgedruckt.

8 Loi n°57-298 du 11 mars 1957 sur la propriete litteraire et artistic

9 Loi n° 85-660 du 3 juillet 1985 relative aux droits d`autor et aux droits des artistes-interpretes, des producteurs de phonogrammes et de videogrammes et des enterprises de communication audiovisuelle

Die originären Urheberrechte am Filmwerk stehen damit auch in Frankreich denjenigen Personen zu, die schöpferisch bei der Herstellung des Filmwerkes mitwirken, mit der Besonderheit, daß die Urheber vorbestehender Werke den eigentlichen Filmurhebern gleichgestellt werden.

Die Aufzählung der schöpferisch an der Filmherstellung mitwirkenden Personen ist in Art. 14 loi (85) nur beispielhaft.[10]

2. Die Regelung des Urheberpersönlichkeitsrechts[11]

Art. 1 Abs.2 loi (57) schreibt vor, daß das in Art. 1 Abs.1 loi (57) dem Urheber eines Geisteswerkes gewährte Ausschließlichkeitsrecht persönlichkeitsrechtliche und vermögensrechtliche Bestandteile umfaßt.

Das Recht auf Unversehrtheit des Werkes, welches Gegenstand dieser Untersuchung ist, ist in Art. 6 loi (57) festgeschrieben. Der Schutz gegen Änderungen wird darin absolut, das heißt, unabhängig davon, ob eine objektiv nachweisbare Beeinträchtigung von Ehre und Ruf oder anderen Interessen des Urhebers vorliegt, gewährt.

Durch die Urheberrechtsnovelle von 1985 wurde - insbesondere dadurch, daß auch in Frankreich die Praktik, Filme zugunsten von Werbeeinblendungen zu kürzen zunimmt - zur Klarstellung Art. 16 Abs. 3 loi (85) eingefügt, welcher die Zulässigkeit jeder Änderung am Filmwerk durch Hinzufügung, Streichung oder Veränderung irgendeines Elements von der Zustimmung unter anderem des Filmregisseurs abhängig macht.

---

10 *Dietz*, Das Droit Moral des Urhebers im neuen französischen und deutschen Urheberrecht, 1968, S.91.

11 Hierzu ausführlich *Dietz* a.a.O.

3. Die Schutzfrist für Filmwerke und für die daran bestehenden Urheberpersönlichkeitsrechte

Die Schutzfrist für Filmwerke beträgt nach dem französichen Urheberrechtsgesetz 50 Jahre. Da Filmwerke in Frankreich als in Miturheberschaft geschaffene Werke gelten, erfolgt die Berechnung der Schutzfrist nach Art. 21 Abs. 3 loi (85). Die Berechnung der Schutzfrist beginnt mit dem Tod des zuletzt verstorbenen Miturhebers.[12]

Das Urheberpersönlichkeitsrecht gilt ewig. Das heißt, daß das Urheberpersönlichkeitsrecht auch nach Ablauf der Urheberrechtsschutzfrist noch geltend gemacht werden kann.[13]

4. Zusammenfassung

In Frankreich wird der Filmregisseur als (Mit-)Urheber des Filmwerkes betrachtet. In urheberpersönlichkeitsrechtlicher Sicht gewährt Art. 6 loi (57) auch dem Filmregisseur Schutz vor Änderungen des Filmwerkes. Klargestellt wird dies durch Art. 16 Abs.3 loi (85), der die Zulässigkeit einer Änderung am Filmwerk ausdrücklich von der Zustimmung unter anderem des Filmregisseurs abhängig macht.

II. Italien

1. Inhaber des Urheberrechts am Filmwerk

Das italienische Urheberrechtsgesetz[14] (im folgenden: LDA) zählt die Urheber des Filmwerkes in Art. 44 abschließend auf. Es sind dies der Urheber des

---

12 *Dietz*, S.90.

13 Zum Schutz gegen Mißbräuche gemeinfreier Werke sind in Frankreich öffentliche Behörden berufen. Dies macht deutlich, daß es sich bei dem "ewigen Urheberpersönlichkeitsrecht" nicht eigentlich um Urheberinteressen handelt, "sondern um eine Art Denkmalschutz" so *Dietz*, S. 118.

14 Legge 22 aprile 1941, n 633. Protezione del diritto d'autore et di altri diritti connessi al suo esercizio (1).

vorbestehenden Werkes, der Drehbuchautor, der Komponist der Filmmusik und der künstlerische Leiter, also regelmäßig der Regisseur.

Die originären Urheberrechte am Filmwerk stehen auch in Italien denjenigen Personen zu, die schöpferisch bei der Herstellung des Filmwerkes mitwirken (Art. 6 LDA), wobei die Urheber von speziell für das Filmwerk geschaffenen Beiträgen den eigentlichen Filmurhebern gleichgestellt werden.

Das Recht zur filmischen Verwertung steht gem. Art. 46 Abs.1 LDA jedoch dem Filmhersteller zu.

2. Die Regelung des Urheberpersönlichkeitsrechts

Auch das italienische Urheberrecht gewährt dem Urheber eines Geisteswerkes persönlichkeitsrechtliche Befugnisse, unter anderem das Recht auf Unversehrtheit des Werkes (Art. 20 Abs.1 LDA). Der Schutz vor Änderungen wird dabei jedoch davon abhängig gemacht, ob eine objektiv nachweisbare Beeinträchtigung von Ehre und Ansehen oder anderen Interessen des Urhebers vorliegt (Art.20 Abs.1 LDA).

Klarstellende Funktion hat Art. 46 Abs. 2 LDA, nach dem der Filmhersteller Bearbeitungen, Umarbeitungen und Übersetzungen des Filmwerkes nur mit Einwilligung der Filmurheber aufführen oder vorführen darf.

3. Die Schutzfrist für Filmwerke und für die daran bestehenden Urheberpersönlichkeitsrechte

Die Schutzfrist für die Verwertungsrechte am Filmwerk beträgt nach Art. 32 LDA 30 Jahre.

Das Urheberpersönlichkeitsrecht dagegen soll ewig gelten, d. h. es kann auch nach Ablauf der Urheberrechtsschutzfrist noch geltend gemacht werden (Art.23 LDA).

4. Zusammenfassung

Auch nach italienischem Urheberrecht ist der Filmregisseur als Miturheber des Filmwerkes zu betrachten. Er kann sich aufgrund des ihm gewährten Urheberpersönlichkeitsrechts sowie der klarstellenden Vorschrift des Art. 46 Abs. 2 LDA Änderungen und Entstellungen des Filmwerkes widersetzen.

III. Großbritannien

1. Inhaber des Urheberrechts am Filmwerk

Das Urheberrechtsgesetz von Großbritannien (Copyrights, Designs and Patents Act 1988 - im folgenden: "Act 88"-) spricht ein dem deutschen Leistungsschutzrecht ähnelndes Recht am Filmwerk dem Filmhersteller zu (Sec. 13 Abs. 4 Act 88).

Jedoch wird dieses "Film-Copyright" nicht in dem Teil des britischen Urheberrechtsgesetz, der das Urheberrecht an originalen Werken (dem Teil I-copyrights in original works) regelt, behandelt, sondern vielmehr im Teil II., der auch das Copyright an Tonträgern, Rundfunksendungen und Werkausgaben regelt.

Nach kontinental-europäischer Auffassung behandelt Teil II des englischen Urheberrechtsgesetzes damit ein Gebiet, das zu den benachbarten Schutzrechten, nicht jedoch zum eigentlichen Urheberrecht zählt.[15]

Die Einordnung des Film-Copyrights in den Bereich der Leistungsschutzrechte ähnelt dem Gedanken des deutschen § 94 UrhG, der dem Filmhersteller ein besonderes Leistungsschutzrecht gewährt. Die unmittelbar an der Filmherstellung beteiligten Personen, wie etwa Regisseur, Cutter oder Kameramann können für sich kein Urheberrecht am Filmwerk geltend machen.[16]

---

15 *Dietz*, S.92.

16 Dietz, S.92.

2. Die Regelung des Urheberpersönlichkeitsrechts

Bis zur Novelle des Urheberrechts von 1988 kannte das britische Urheberrecht keinen urheberpersönlichkeitsrechtlichen Schutz.

Der Copyright Act von 1988, hat nun vier urheberpersönlichkeitsrechtliche Befugnisse (moral rights) geschaffen. Eines dieser urheberpersönlichkeitsrechtlichen Befugnisse ist das Recht auf Schutz gegen Beeinträchtigungen, geregelt in Sec.80 Abs. 1 und 2 Act 88.[17] Diese urheberpersönlichkeitsrechtlichen Befugnisse können nicht nur die - nach britischem Recht - Urheberberechtigten geltend machen. Vielmehr regelt Sec. 77 Act 88, daß auch Schöpfer, wie etwa der Autor und der Filmregisseur, diese urheberpersönlichkeitsrechtlichen Ansprüche geltend machen können, obwohl sie kein Urheberrecht am Filmwerk haben.

Das heißt, daß der Filmregisseur keine Befugnis hat, sich gegen eine Urheberrechtsverletzung zu wehren, jedoch wird ihm Schutz gegen Verletzungen urheberpersönlichkeitsrechtlichen Charakters gewährt.[18] Er kann gemäß Sec. 77 Act 88 somit gegen Hinzufügungen, Streichungen, Änderungen oder Bearbeitungen des Werkes vorgehen, wenn diese eine Entstellung oder Verstümmelung des Werkes bedeuten oder in anderer Weise seiner Ehre oder seinem Ruf nachteilig sind.

3. Die Schutzfrist für Filmwerke und für die daran bestehenden Urheberpersönlichkeitsrechte

Für das Leistungsschutzrecht des Filmherstellers ist eine Schutzfrist von 50 Jahren ab Registrierung des Filmes im Filmregister bzw. ab Veröffentlichung (Sec. 13 Abs. 3 Act 88) vorgesehen. Auch Urheberrechte an vorbestehenden Werken können nach Ablauf der Schutzfrist nicht mehr geltend gemacht werden. Dies bestimmt Sec. 13 Abs.7 Act 88.[19]

17 *Cornish*, Der Schutz des Urheberpersönlichkeitsrechts nach dem neuen britischen Urheberrechtsgesetz von 1988, GRUR Int. 1990, S.500.

18 *Cornish*, GRUR Int. 1990, S.500

19 *Cornish*, GRUR Int. 1990, S.501.

Urheberpersönlichkeitsrechte am Filmwerk können solange geltend gemacht werden, solange das Filmwerk CopyrightSchutz genießt.[20]

4. Übergangsrecht

Die neuen Vorschriften über die urheberpersönlichkeitsrechtlichen Befugnisse sind nur auf Handlungen anzuwenden, die nach dem 01.08.1989, dem Tag des Inkrafttretens des Copyright-Act erfolgt sind. Davon sind grundsätzlich neue und alte Werke gleichermaßen betroffen.

Jedoch gilt hierzu folgende Ausnahme:

Gemäß Schedule 1, § 23 (2)(b) Act 1988 ist das Recht auf Werkintegrität auf Filme, die vor dem 01.08.1989 hergestellt worden sind, nicht anzuwenden.[21] Demgemäß kann der Filmregisseur gegen Beeinträchtigungen nur dann vorgehen, wenn sie ein Filmwerk betreffen, welches nach dem 01.08.1989 hergestellt worden ist.

5. Zusammenfassung

Nach englischem Urheberrecht hat der Filmregisseur kein Urheberrecht am Filmwerk. Jedoch wird ihm durch Art. 80 Abs.1 und 2 Act 88 Schutz gegen Beeinträchtigungen und Entstellungen des Filmwerkes gewährt. Das Recht, gegen Beeinträchtigungen und Entstellungen vorzugehen, ist jedoch auf Filme, die vor dem 01.08.1989 hergestellt worden sind, nicht anzuwenden.

---

20 *Cornish*, GRUR Int. 1990, S.502.

21 Cornish, GRUR Int. 1990, S.504.

IV. USA

1. Inhaber des Urheberrechts am Filmwerk[22]

Seit dem 01.01.1978 ist in den USA als bundeseinheitliches Urheberrechtsgesetz der Copyright Act von 1976 (im folgenden: Copyright Act (76)) in Kraft.[23]

Gemäß § 201 (b) dieses Gesetzes entsteht das Urheberrecht in der Person des tatsächlichen Schöpfers des Werkes. Sind mehrere Personen schöpferisch an der Herstellung des Filmwerkes beteiligt, so sind sie Miturheber des Filmwerkes, § 201 (a) Satz 2 Copyright Act (76). Gemäß § 201 (b) Copyright Act (76) kann jedoch auch eine originäre Urheberschaft des Auftrag- bzw. Arbeitgebers, also in der Regel des Filmherstellers bestehen, wenn das urheberrechtlich geschützte Werk entweder im Rahmen eines Arbeitsverhältnisses geschaffen oder ausdrücklich und schriftlich als "work made for hire" bestellt worden ist.[24] Weiterhin ist nach US-amerikanischem Urheberrecht eine Übertragung der Inhaberschaft des Urheberrechts möglich, § 201 (d) (1) Copyright Act (76).

Da nahezu alle Regisseure der "work made for hire" -Doktrin unterfallen (denn die üblichen Vertragsbedingungen enthalten ausdrücklich "work made for hire" - Klauseln[25]), erwirbt in der Regel der Filmhersteller originär das Urheberrecht am Filmwerk.

2. Die Regelung des Urheberpersönlichkeitsrechts

Ein besonderes Urheberpersönlichkeitsrecht gibt es im US-amerikanischen Recht nicht. Damit ist auch der Filmregisseur, der in aller Regel ohnehin kein Urheberrecht am Filmwerk hat, nicht urheberpersönlichkeitsrechtlich geschüzt.

---

22 Vgl. zum US amerikanischen Filmurheberrecht ausführlich Siefarth, US-amerikanisches Filmurheberrecht, 1991.

23 *Schack*, Der Vergütungsanspruch der in- und ausländischen Filmhersteller aus § 54 I UrhG, ZUM 1989, S.280.

24 *Schack*, a.a.O. S.280.

25 *Schack*, a.a.O. S.280.

3. Zusammenfassung

In US-Amerika ist regelmäßig der Filmhersteller Inhaber der Urheberrechte am Filmwerk. Nur wenn der Filmhersteller ausnahmsweise weder als Besteller des Filmwerkes noch als Rechte-Erwerber Inhaber des Urheberrechts am Filmwerk ist, verbleibt die (Mit-) Urheberschaft am Filmwerk beim Regisseur.[26] Urheberpersönlichkeitsrechtlichen Schutz genießt der Filmregisseur nach US-amerikanischem Recht nicht.

C. Harmonisierung der divergierenden nationalen Urheberrechtsregelungen durch internationale Abkommen

I. Die Revidierte Berner Übereinkunft zum Schutz von Werken der Literatur und Kunst

1. Allgemeines

Eine gewisse Harmonisierung der nationalen Urheberrechtsregelungen wurde durch die "Berner Übereinkunft zum Schutz von Werken der Literatur und Kunst" erreicht. Diese Übereinkunft wurde 1886 auf einer vom Schweizer Bundesrat einberufenen diplomatischen Konferenz getroffen.[27] Von den europäischen Ländern gehörten Belgien, Deutschland, Frankreich, Großbritannien, Italien, die Schweiz und Spanien von Anfang an dazu.[28] Im Jahre 1987 waren 76 Länder in der Berner Union vereinigt.[29] Die USA sind im Jahre 1988 beigetreten.[30]

Die Berner Übereinkunft wurde mehrfach revidiert. Für das einzelne Verbandsland ist die Fassung maßgeblich, der es beigetreten ist. Damit finden nicht

26 *Siefarth*, S. 100.

27 *Ulmer*, Lehrbuch, S.85.

28 *Ulmer*, Lehrbuch, S.85.

29 *Schricker/Katzenberger* vor § 120, Rdnr.15.

30 Hierzun ausführlich *Siefarth*, S. 22 ff.

auf alle Verbandsländer die gleichen Fassungen der RBÜ Anwendung. Für das Verhältnis zwischen zwei Verbandsländern ist die jeweils gemeinsame jüngste Fassung der RBÜ maßgeblich.[31]

Grundgedanken der RBÜ sind die Inländerbehandlung (Art. 5 Abs.1) sowie besonders gewährte Rechte, sog."Mindestschutzrechte" (Art. 5 Abs.1)[32], die den begünstigten Werken in allen Verbandsländern gewährt werden müssen.

Die Inländerbehandlung gewährt die Gleichbehandlung von Inländern und Ausländern in den jeweiligen Verbandsländern, mit Ausnahme des Ursprungslandes des Werkes.[33] Als Ursprungsland wird dabei das Verbandsland bezeichnet, in dem das Werk erstmals veröffentlicht worden ist.[34]

Eines der von der RBÜ besonders gewährten Rechte ist das Urheberpersönlichkeitsrecht in Art. 6 ^{bis} RBÜ. 6 ^{bis} Abs. 1 RBÜ umfaßt das Recht des Urhebers, die Urheberschaft am Werk für sich in Anspruch zu nehmen, sowie Schutz gegen Entstellung, Verstümmelung und sonstige Änderung oder Beeinträchtigung, die seiner Ehre oder seinem Ruf nachteilig sein könnten.

Ohne Rücksicht auf die jeweilige nationale Rechtsordnung müssen diese Mindestrechte den konventionsgeschützten Urhebern in allen Verbandsländern mit Ausnahme des Ursprungslandes gewährt werden. Im Ursprungsland selbst richtet sich der Schutz nach den nationalen Regelungen. Rechte der RBÜ werden dem Urheber hier nicht gewährt.[35] In Verbandsländern, deren Schutz über diese Mindestrechte hinausgeht, gilt nach dem Grundsatz der Inländerbehandlung für alle konventionsgeschützten Urheber nationales Recht.[36] Die Mindestrechte kommen also nur dann zur Anwendung, wenn das

---

31 *Schricker/Katzenberger* vor § 120, Rdnr.14.

32 *Dietz*, S.35.

33 *Schricker/Katzenberger* vor § 120, Rdnr.18.

34 *Schricker/Katzenberger* vor § 120, Rdnr.18.

35 *Schricker/Katzenberger* vor § 120, Rdnr.18.

36 *Schricker/Katzenberger* vor § 120, Rdnr.18.

nationale Recht eines Landes das Mindestmaß der Rechte der RBÜ nicht sicherstellt.

2. *Schutz der RBÜ für den Filmregisseur*

Die auf dem Gebiet des Filmurheberrechts wohl wichtigste Frage, die Frage nach dem Urheber des Filmwerkes, ist, wie eine Betrachtung der oben beschriebenen Regelungen der Urheberschaft am Filmwerk in Deutschland, Frankreich, Italien, Großbritannien und der USA zeigt, völlig unterschiedlich geregelt. Da jedoch gerade die Filmwirtschaft regelmäßig für den internationalen Markt tätig wird, ist eine Vereinheitlichung auf diesem Gebiet dringend erforderlich.

Eine solche Vereinheitlichung konnte hinsichtlich der Urheberschaft am Filmwerk bisher jedoch auch durch die RBÜ nicht erreicht werden.[37] Der diesbezüglich auf der Stockholmer Revisionskonferenz von 1967 neu geschaffene Art. 14 bis Abs.2a behält es nach wie vor der Gesetzgebung des Landes, in dem Schutz begehrt wird, vor, die Inhaber des Urheberrechts am Filmwerk zu bestimmen. Damit verweist die RBÜ hinsichtlich der Urheberschaft am Filmwerk auf die Regelung des jeweiligen Schutzlandes bzw. auf eine entsprechende Kollisionsnorm des Schutzlandes. Das bedeutet, daß der Filmregisseur ein Urheberrecht durch die RBÜ nicht zugesprochen bekommt.

> ***Exkurs***: Die Entscheidung der Cour d`appel im John-Huston-Fall
> Gegen eine Anknüpfung der Inhaberschaft des Urheberrechts am Schutzland hat sich jedoch die Cour d`appel de Paris mit Urteil vom 06.07.1989[38] entschieden. Zu diesem bislang einzigen Rechtsstreit zur Verwertung eines kolorierten Filmwerkes kam es, nachdem der Sender "La Cinq" für den 26.06.1988 die Ausstrahlung der kolorierten Fassung des Filmes "Asphalt Jungle" angekündigt hatte. Gegen diese Ausstrahlung wandten sich die Erben Hustons. Sie stützten sich auf das Welturheberrechtsabkommen[39], das Inländerbehandlung gewähre und

37 *Dietz*, S.97.

38 Abgedruckt in GRUR Int. 1989, S. 937 mit ausführlicher Anm. von Francon.

39 Dem WUA gehören die USA und Frankreich an.

kraft dessen Art 6 loi (85) auch im Hinblick auf Huston anzuwenden sei. Nachdem die USA mit Wirkung zum 01.03.1989 der RBÜ beigetreten waren, stützten Huston's Erben ihre Forderung auf Art 14 bis Abs. 2 a RBÜ[40]. Die Cour d' appel hat einen urheberpersönlichkeitsrechtlichen Schutz zugunsten von Huston unter den gegebenen Umständen jedoch abgelehnt: Turner habe seine Rechte im Rahmen eines Arbeits- und Verwertungsvertrages 1948 auf den Filmhersteller übertragen. Nichts in der Berner Konvention erlaube es, sich auf die Gesetze eine Staates zu berufen, um sich den in einem anderen Staat eingegangenen Verpflichtungen zu entziehen. Die Außerachtlassung von in den USA wohlerworbenen Rechten widerspräche geradezu dem Schutzzweck der RBÜ. Etwas anderes könne nach Ansicht des Gerichts nur dann gelten, wenn John Huston tatsächlich Schöpfer des Films gewesen wäre. Dies jedoch sei nicht der Fall gewesen.[41] Das Gericht entschied schließlich, daß "La Cinq" zu Beginn und am Ende der Ausstrahlung der kolorierten Fassung des Films darauf hinzuweisen habe, daß sich die Erben von John Huston der Ausstrahlung der kolorierten Fassung widersetzt hatten.

Mit Urteil vom 28.05.1991[42] hob die Cour de Cassation das Urteil der Cour d'appel de Paris auf. Die Cour de Cassation begründete ihre Entscheidung folgendermaßen: Das Berufungsgericht habe die Kläger mit der Begründung zurückgewiesen, daß der von ihnen angeführte Tatbestand und rechtliche Sachverhalt die Verdrängung des amerikanischen Rechts und das Beiseitelassen der Verträge verbieten würden - der Verträge, die zwischen den Produzenten und den Regisseuren abgeschlossen worden waren und die den letzteren die Eigenschaft als Urheber des Filmes "Asphalt Jungle" versagten. Indem das Gericht so entschieden habe, habe es gegen Art 1 Abs. 2 des Gesetzes Nr. 64-689 vom 08.07.1964 sowie gegen Art 6 des Gesetzes vom 11.03.1957 verstoßen. Gemäß Art 1 Abs. 2 des Gesetzes Nr. 64-689

---

40 Gemäß Art 14 bis Abs 2 a RBÜ bleibt die Bestimmung der Inhaber des Urheberrechts am Filmwerk der Gesetzgebung des Landes vorbehalten, in dem der Schutz beansprucht wird.

41 Vgl.hierzu auch *v.Lewinski/Dreier*, GRUR Int. 1989, S.641.

42 leicht gekürzt in GRUR int. 1992, S. 304.

vom 08.07.1964 dürfe die Integrität eines Werkes der Literatur oder Kunst in Frankreich nicht beeinträchtigt werden; dies gelte unabhängig davon, in welchem Staat dieses Werk erstmals veröffentlicht worden ist. Aufgrund von Art 6 des Gesetzes vom 11.03.1957 stehe der Person, die Urheber des Werkes allein durch dessen Schöpfung ist, das droit moral zu, das durch diesen Artikel zu ihren Gunsten eingeführt worden sei. Diese Vorschriften seien zwingend anzuwenden.

Die Cour de Cassation hat damit entschieden, daß der Urheber, egal in welchem Staat sein Werk erstmals veröffentlicht worden ist, in Frankreich seine Eigenschaft als Urheber und folglich sein droit moral beanspruchen kann.[43]

In den Verbandsländern, die dem Filmregisseur nach nationalem Recht kein Urheberrecht am Filmwerk zusprechen, wird dem Regisseur - ausgehend von einer Anknüpfung an das Schutzland - auch durch die RBÜ kein urheberpersönlichkeitsrechtlicher Schutz gewährt.

Die RBÜ schränkt ihren urheberpersönlichkeitsrechtlichen Schutz damit insofern ein, als nur derjenige urheberpersönlichkeitsrechtlichen Schutz nach Art. 6 bis RBÜ genießt, dem das nationale Recht des Landes, in dem Schutz begehrt wird, ein Urheberrecht zuspricht und eine Anknüpfung an das Schutzland vornimmt.

II. WUA

Das zweite große internationale Abkommen auf dem Gebiet des Urheberrechts ist das Welturheberrechtsabkommen. Es wurde 1952 begründet und einmal, 1971, revidiert. Dem WUA gehören 79 Mitgliedstaaten an, darunter die Bundesrepublik Deutschland, Frankreich, Italien, Großbritannien und die USA.

43 vgl. Edelmann, Bernard, Das anwendbare Recht bei der Verwertung nachkolorierter amerikanischer Filme in Frankreich, GRUR int. 1992, S. 260,266.

Das WUA schützt Werke der Literatur, Wissenschaft und Kunst. Der Grundgedanke des WUA ist das Prinzip der Inländerbehandlung. Darüberhinaus gewährt das WUA besondere Schutzrechte, insbesonders das Vervielfältigungs, das Aufführungs-, das Sende- und das Übersetzungsrecht. Ob diese Mindestrechte einem Urheber eines Vertragsstaates in einem anderen Vertragsstaat gewährt werden müssen, ist fraglich. Jedenfalls dürfen die Vertragsstaaten Ausnahmen von diesen Regelungen machen, die deren Kern jedoch nicht widersprechen dürfen.

Ein Urheberpersönlichkeitsrecht gewährt das WUA nicht.[44]

D. Die kollisionsrechtliche Anknüpfung bei Urheberrechtsverletzung in Deutschland mit Auslandsberührung

I. Recht des Schutzlandes

In den Bestimmungen der Konventionen, insbesondere der RBÜ, ist die internationalprivatrechtliche Verweisung auf das Recht des Schutzlandes kodifiziert.[45]

Da diese Regelung wohl als "nachgiebige" Kollisionsnorm aufzufassen ist, die es dem Schutzland erlaubt, durch eine abweichende Kollisionsnorm auf eine andere Rechtsordnung zu verweisen[46], steht einer Weiterverweisung durch das nationale Recht des Schutzlandes nichts entgegen.

In der Bundesrepublik Deutschland fehlt - wie in vielen anderen Staaten - eine kollisionsrechtliche Regelung[47] darüber, welches in- oder ausländische

44 Zu beachten ist, daß das WUA gemäß Art XVII WUA und einer Zusatzerklärung bei Werken, die als Ursprungsland ein Verbandsland der RBÜ haben, nicht anwendbar ist. Da sämtliche der hier anzusprechenden Länder Mitglieder der RBÜ sind, bleiben die Regelungen des WUA damit außer Betracht.

45 *Schricker/Katzenberger*, vor §§ 120 ff., Rdnr. 76; a.A. etwa *Schack* , GRUR Int. 1985, 523, der der RBÜ rein fremdenrechtliche Bedeutung einräumt.

46 *Drobnig*, Originärer Erwerb und Übertragung von Immaterialgüterrechten im Kollisionsrecht, RabelsZ 40 (1976), S. 195, 199.

47 1984 hat das Bundesministerium der Justiz den Entwurf eines Gesetzes zur Ergänzung des internationalen Privatrechts (auszugsweise abgedruckt in GRUR Int. 1985, S. 104 ff)

Urheberrecht in Fällen mit Auslandsberührung anzuwenden ist.[48] Es bleibt damit bei der durch die RBÜ (sowie durch das international anerkannte Territorialitätsprinzip[49]) kodifizierte Anknüpfung an das Recht des Schutzlandes.

Das Recht des Schutzlandes ist auch bei Verletzungen des Urheber- bzw. Urheberpersönlichkeitsrechts maßgeblich.[50] Die Anknüpfung an das Recht des Schutzlandes führt jedoch zu einer unterschiedlichen Regelung von Verletzungstatbeständen, je nachdem, in welchem Land die Verletzungshandlung stattgefunden hat. Dies bedeutet praktisch, daß sich der Verletzer mit dem Ort der Verletzungshandlung zugleich selbst das anwendbare materielle Recht aussuchen kann.[51]

Um dieses Ergebnis zu vermeiden schlägt unter anderem[52] Schack vor, die Bestimmung der Filmurheberschaft durch eine Anknüpfung an das Ursprungsland des Werkes vorzunehmen.[53] Auf diese Weise wäre die Person des

---

ausgearbeitet. Dieser Entwurf regelt in Art 40 bis 42 die Frage des anzuwendenden Rechts bei einer Urheberrechtsverletzung. Eine Regelung, nach welcher Rechtsordnung die, einer Geltendmachung der Urheberrechtsverletzung zwingend vogehenden Fragen - wer Urheberberechtigter ist und ob eine Verletzung von Urheberrechten vorliegt, zu beurteilen sind, geht diesem Entwurf jedoch ab.

48 *Schack*, Der Vergütungsanspruch, ZUM 1989, S.275.

49 Das Territorialitätsprinzip besagt, daß sich Entstehung, Wirkung und Erlöschen des Urheberrechts nach den Gesetzen des jeweiligen Schutzstaates sowie der dort geltenden internationalen Verträge richtet,*Dietz*, S.26. Jeder Schutzstaat entscheidet damit für sein Staatsgebiet selbständig über urheberrechtliche Tatbestände, *Kleine* S. 27. Für den Urheber bedeutet dies, daß er an seinem Werk kein einheitliches, weltweit gültiges Urheberrecht, sondern vielmehr ein "Bündel von nationalen Urheberrechten" (Schricker/Katzenberger, v. § 120, Rdnr. 69) innehat. Für den Schutz des Urhebers ist damit auch nach dem Territorialitätsprinzip das Urheberrecht maßgeblich, das in dem Staat, für dessen Gebiet er Schutz begehrt, zur Anwendung kommt. Hierzu ausführlich *Ulmer*, Die Immaterialgüterrechte im internationalen Privatrecht, insb. S. 8 f, 12 f und 37 ff.

50 *Schricker/Katzenberger*, vor § 120, Rdnr. 75 mit weiterem Nachweis.

51 *Schack*, Der Vergütungsanspruch, ZUM 1989, S.279.

52 so auch *Drobnig*, Originärer Erwerb und Übertragung von Immaterialgüterrechten im Kollisionsrecht, RabelsZ. 40 (1976), S. 195,198 ff.

53 *Schack*, Der Vergütungsanspruch, ZUM 1989, S. 279.

Urhebers fixiert und Vorhersehbarkeit geleistet.[54] Dies für die Praxis begrüßenswerte Ergebnis widerspricht jedoch den internationalen Übereinkommen, insbesondere der RBÜ und dem WUA. Der Begriff des Ursprungsstaates hat in den beiden Abkommen lediglich abgrenzende Funktion. Die durch die Abkommen gewährten Rechte sollen in sämtlichen Vertragsstaaten mit Ausnahme des Ursprungsstaates gelten. Der Inländergrundsatz sowie die Gewährung der Mindestrechte können im Ursprungsland daher nicht in Anspruch genommen werden.[55] Bei einer Anknüpfung an den Ursprungsstaat kann der Inländergrundsatz dementsprechend nicht zur Anwendung kommen.[56]

II. Maßgeblichkeit des Begehungsortes

Da das Urheberrecht ein absolutes subjektives Recht darstellt und damit ein "sonstiges Recht" im Sinne des § 823 Abs.1 BGB ist[57], ist als Anknüpfungsregel auch die für unerlaubte Handlungen allgemeine internationalprivatrechtliche Regel von der Maßgeblichkeit des am Begehungsortes geltenden Rechts (der lex loci delicti commissi) anwendbar.[58] Da das Urheberrecht in seinen Wirkungen jedoch territorial begrenzt ist, kann eine im Ausland begangene Urheberrechtsverletzung nicht als Verletzung des Urheberrechts im Inland gewertet werden. Zwischen dem örtlichen Schutzbereich des Urheberrechts und dem Ort der Urheberrechtsverletzung muß deshalb Übereinstimmung bestehen.[59]

---

54 *Schack*, Der Vergütungsanspruch, ZUM 1989, S. 279.

55 hierzu ausführlich *Kleine*, S. 25 ff.

56 *Kleine*, S. 26.

57 *Martini*, Verletzung von Immaterialgüterrechten im IPR, RabelsZ 1976, S.218 ff; *Schricker/Schricker*, Einl. Rdnr.31.

58 *Schricker/Katzenberger*, v.§ 120, Rdnr.75; ausführlich hierzu *Kleine*, S.31.

59 *Schricker/Katzenberger*, v.§ 120, Rdnr.75.

III. Maßgeblichkeit des Handlungsortes

Weiterhin hat die bei Anwendung der Regel von der Maßgeblichkeit des Begehungsortes übliche Trennung von Handlungs- und Erfolgsort bei Verletzung von Urheberrechten nicht zu erfolgen, da es im Urheberrecht keinen vom Handlungsort unterschiedlichen Erfolgsort gibt. Die ausschließlich dem Urheberrechtsinhaber vorbehaltenen Rechte - so etwa das Recht zur Vervielfältigung, Verbreitung oder die öffentliche Wiedergabe sowie das Urheberpersönlichkeitsrecht, - werden im Urheberrecht sämtlich definiert. Wird eines dieser Rechte verletzt, indem etwa der gröblich entstellte Film verbreitet, öffentlich vorgeführt oder gesendet wird, tritt durch diese unerlaubte Verwertungshandlung gleichzeitig die Verletzung des Urheberrechts ein. Das heißt, die Verletzung des Schutzrechts liegt an dem Ort vor, an dem die tatbestandsmäßige Verletzungshandlung vorgenommen wurde.[60] Der Schutz des inländischen Urheberrechts wird dementsprechend nur dann gewährt, wenn die tatbestandsmäßige Verletzungshandlung im Inland vorgenommen wurde, bzw. wenn die Verletzungshandlung als inländische anerkannt wird.[61]

Probleme können sich insoweit bei grenzüberschreitenden Rechtsverletzungen ergeben. Im Sinne eines umfassenden Schutzes des Urhebers ist eine grenzüberschreitende Verletzungshandlung jedoch bereits dann als inländische zu werten, wenn Teilakte der Verwertungshandlung im Inland vorgenommen werden.[62]

E. Zusammenfassung

Aufgrund der divergierenden nationalen Vorschriften zum Urheberrecht am Filmwerk und zum Urheberpersönlichkeitsrecht - die auch durch die RBÜ nicht vereinheitlicht werden konnten - kommt es hinsichtlich des urheberpersönlichkeitsrechtlichen Schutzes des Filmregisseurs bei Verletzungen

60 *Kleine*, S.32.

61 *Kleine*, S.32.

62 Hierzu ausführlich *Schricker/Katzenberger*, vor § 120 ff., Rdnr. 83 ff.

urheberpersönlichkeitsrechtlicher Natur zunächst auf die kollisionsrechtliche Anknüpfung des Filmurheberrechts an.

In der BRD findet eine Anknüpfung des Urheberrechts im Einklang mit dem Territorialitätsprinzip an das Schutzland statt. Danach bestimmt das Schutzland den Urheber eines Filmwerkes.

Gegen eine Verletzung des Urheberrechts kann nach deutschem Recht nur dann vorgegangen werden, wenn die Urheberrechtsverletzung im Inland begangen wurde.

In der BRD genießt auch der ausländische (konventionsgebundene) Regisseur Schutz gegen Verletzung seines Urheberpersönlichkeitsrechts am Filmwerk. Unerheblich ist dabei, ob ihm nach den nationalen Regelungen des Ursprungslandes des Filmwerkes ein Urheberrecht am Filmwerk zugesprochen wird oder nicht.

TEIL 4

EG-rechtliche Besonderheiten im Hinblick auf die Durchsetzung des Werkschutzrechts des Filmregisseurs

Der Anwendungsbereich des EWG-Vertrags umfaßt - trotz der im wirtschaftlichen Bereich liegenden Zielsetzung des Vertrages - auch Kulturgüter und Kulturschaffen der "Marktbürger".[1] Dementsprechend wird durch den EWG-Vertrag der Waren- und Dienstleistungsverkehr in der EWG auch hinsichtlich urheberrechtlich geschützter Waren und Dienstleistungen - vor allem soweit diese kommerziell genutzt werden - rechtlich geregelt.[2]

I. Freier Warenverkehr

Die Art. 30 - 34 EWG-Vertrag gewährleisten den freien Warenverkehr innerhalb der EWG und verbieten dementsprechend mengenmäßige Einfuhrbeschränkungen sowie alle Maßnahmen gleicher Wirkung zwischen den Mitgliedsstaaten der EWG. Unter mengenmäßiger Einfuhrbeschränkung ist dabei jede Maßnahme zu verstehen, die die Einfuhr von Waren verbietet oder nach Menge, Wert oder Zeitraum begrenzt.[3] Als Waren im Sinn der Art. 30 ff EWGV sind nach allgemeiner Meinung auch Vervielfältigungsstücke von Filmen und Videokassetten zu werten.[4]

---

1 *Roth*, Grundfreiheiten des gemeinsamen Marktes" ZUM 1989, S.101; *Bappert/Maunz/Schricker*, Einl. Rdnr.47.

2 Zur Frage, ob Urheberrechte durch den EWGV berührt werden können vgl. *Roth*, a.a.O.S.101 ff. Zur Problematik Urheberrecht und EG allgemein vgl. Grünbuch über Urheberrecht und die technologische Herausforderung, Kap. 15.

3 *Grabitz/Matthies*, Art 30, Rdnr. 1.

4 Vgl. hierzu die Entscheidung des EuGH ("Sacchi") vom 30.04.1974, Rs. 155/73. Slg.1974, 409 ff, die erste Hinweise zur Abgrenzung zwischen Waren und Dienstleistungen im Medienbereich gegeben hat. Danach ist die Ausstrahlung eines Rundfunkprogramms ihrer Natur nach als Dienstleistung anzusehen, während der Handel mit sämtlichen Materialien, Tonträgern, Filmen und sonstigen Erzeugnissen, die für die Ausstrahlung von Fernsehsendungen benutzt werden, dem Warenverkehr zuzurechnen (S. 428, Rdnr. 6 ff.) Dementsprechend hat der EuGH im Fall "Deutsche Grammophon", vom 06.08.1971, GRUR Int., 1971, S. 450 ff. entschieden, daß Vervielfältigungsstücke - und damit Videokassetten sowie Filmkopien - als Waren im Sinne des EWGV zu behandeln sind; *ebenso Mielke*, S. 109; *Poll*, Die Vermietung von Videogrammen und der Erschöpfungsgrundsatz unter besonderer Berücksichtigung des EG-Rechts, ZUM 1987, S.

Gemäß Art.36 EWG-Vertrag stehen die Bestimmungen der Art.30 bis 34 EWG-Vertrag Einfuhr-, Ausfuhr- und Durchfuhrverboten oder -beschränkungen jedoch nicht entgegen, die aus Gründen **des gewerblichen oder kommerziellen Eigentums** gerechtfertigt sind.

Ob das Urheberrecht vom Begriff des "gewerblichen und kommerziellen Eigentums" erfaßt wird, war zunächst insbesondere wegen der persönlichkeitsrechtlichen Komponente des Urheberrechts strittig.[5] Der EuGH hat jedoch bereits 1971 ein verwandtes Schutzrecht - das Leistungsschutzrecht des Tonträgerherstellers - als "gewerbliches und kommerzielles Eigentum" betrachtet.[6] In seinen Entscheidungen von 1987 (Passet/SACEM)[7] und 1989 (EMI/Patricia) [8] hat der EuGH schließlich festgestellt, daß Art.36 EWG-Vertrag die Anwendung nationaler urheberrechtlicher Bestimmungen gestatte. Er führte dazu aus, daß der Schutz des gewerblichen und kommerziellen Eigentums den Schutz des Eigentums an literarischen und künstlerischen Werken, darunter das Urheberrecht umfasse, vor allem soweit dieses kommerziell genutzt werde.[9]

Der Schutz des gewerblichen Eigentums, wozu also auch die kommerzielle Verwertung des Urheberrechts zählt, wird jedoch nur in dem Umfange anerkannt, in dem dieser Schutz zur Erreichung des angestrebten und durch Art.36 EWGV insoweit privilegierten Ziels erforderlich ist.[10] Gerechtfertigt sind damit nur die Beschränkungen des freien Warenverkehrs, die zur Wahrung der Rechte erfolgen, die den **spezifischen Gegenstand des Schutzrechts, hier des Urheberrechts bilden.**[11]

---

417 f.; a.A. ist Roth, Grundfreiheiten des gemeinsamen Marktes, ZUM 3/1989, S. 106 f.der im Hinblick auf die Kinoauswertung von Filmen die Einräumung von Nutzungsrechten wirtschaftlich betrachtet als Schwerpunkt des Produktaustausches sieht und diese daher als eine Dienstleistung wertet.

5 Vgl. hierzu *Dietz*, S. 40 ff.

6 *EuGH*, GRUR Int.1971,S.450,454.

7 *EuGH*, Medien und Recht 4/1987,S.150 ff.

8 *EuGH*, GRUR Int. 1989,S. 319,320.

9 *EuGH*, GRUR Int. 1989,S.320.

10 *EuGH*, Urteil vom 03.12.1981, GRUR Int. 1982, S. 187 ff.

11 Ständige Rechtsprechung des EuGH, vgl. Nachweise in *Bappert/Maunz/Schricker*, Einl. Rdnr. 51.

Fraglich ist nun, ob die persönlichkeitsrechtlichen Bestimmungen des Urheberrechts, insbesondere das Werkschutzrecht als "spezifischer Gegenstand des Urheberrechts" anzusehen sind.

Der EuGH hat sich in seinen urheberrechtlichen Entscheidungen nicht abschließend dazu geäußert, ob er den Urheberrechtsschutz als einen einheitlichen, umfassenden Schutz der geistigen und persönlichen Beziehungen des Urhebers zu seinem Werk ansieht.[12] Ausdrücklich als spezifischen Gegenstand des Urheberrechts erwähnt und anerkannt hat der EuGH jedoch das Recht des Urhebers sich gegen Entstellungen, Verstümmelungen oder sonstige Beeinträchtigungen oder Änderungen seines Werkes zu widersetzen.[13] Damit ist das Werkschutzrecht als spezifischer Gegenstand des Urheberrechts geschützt. Beschränkungen des freien Warenverkehrs, die zur Wahrung des Werkschutzrechtes erfolgen, sind damit gerechtfertigt.

Dies bedeutet, daß der Filmregisseur der Einfuhr von Filmkopien oder Videokassetten entgegentreten kann, die eine derart veränderte Fassung des Filmes zeigen, daß nach nationalem Recht eine gröbliche Entstellung des Filmwerkes vorliegt. Unerheblich ist dabei, ob dem Filmregisseur in dem exportierenden Land Urheberrechtsschutz gewährt wird oder nicht.[14] Wird etwa das Filmwerk eines deutschen Regisseurs in Großbritannien gröblich entstellt, so kann sich der Filmregisseur einer Einfuhr von Vervielfältigungsstücken des gröblich entstellten Filmes nach Deutschland widersetzen.

---

12 *v.Gamm*, Urheberrechtliche Verwertungsverträge und Einschränkungen durch den EWG-Vertrag, GRUR Int. 1983, S. 405.

13 *EuGH* Urteil vom 20.01.1981, GRUR Int. 1981, 229,231. Nach *v. Gamm*, a.a.O., S. 405 dürfte der spezifische Gegenstand des Urheberrechts ein (umfassendes ?) Urheberpersönlichkeitsrecht umfassen; ebenso *Ubertazzi* der die Anwendung der Art 30 - 34, sowie Art. 36 EWGV auch auf das Urheberpersönlichkeitsrecht damit begründet, daß das Urheberpersönlichkeitsrecht zusammen mit den wirtschaftlichen Verwertungsrechten eine Gesamtheit bilde, welche im wesentlichen durch Maßnahmen der nationalen Gesetzgeber zur Befriedigung der Allgemeininteressen geregelt werde. Diese Allgemeininteressen - als Beispiel hierfür nennt er das Interesse an kulturellem Fortschritt - seien so erheblich, daß sie die Beschränkung des freien Warenverkehrs rechtfertigten, Ubertazzi, Urheberrecht und freier Warenverkehr, GRUR Int. 1984, S. 339.

14 *Bappert/Maunz/Schricker*, Einl., Rdnr. 53.

Etwas anderes gilt jedoch dann, wenn Filmkopien oder Videokassetten des gröblich entstellten Filmwerkes mit Zustimmung des Regisseurs in einem EG-Mitgliedstaat rechtmäßig in Verkehr gebracht wurden, bzw. wenn der Regisseur in einem EG-Mitgliedstaat die Zustimmung zur Fernsehsendung des gröblich entstellten Filmwerkes gegeben hat.[15] In diesen Fällen kann er sich der Einfuhr bzw. Sendung des gröblich entstellten Filmwerkes nicht widersetzen.

II. Freier Dienstleistungsverkehr

Die Dienstleistungsfreiheit, geregelt in den Art. 59 und 62 EWGV, verlangt die Beseitiung aller Beschränkungen des freien Dienstleistungsverkehrs, die damit zusammenhängen, daß der Leistungserbringer in einem anderen Mitgliedstaat als dem, in dem die Leistung erbracht wird, niedergelassen ist.[16]

Rundfunkaktivitäten werden nach allgemeiner Meinung in den Bereich des Dienstleistungsverkehrs i. S. des Art.59 EWGV eingeordnet.[17] Die Regelungen der Art.59 ff EWGV sind damit auf Rundfunksendungen voll anwendbar.[18] Jede Behinderung des Empfangs von Rundfunksendungen aus anderen EG-Ländern ist damit vertragswidrig.[19]

Jedoch dürfen für grenzüberschreitende Fernsehsendungen vom Bestimmungsland Anforderungen gestellt werden, auch wenn sie sich als Behinderung des freien Dienstleistungsverkehrs darstellen. Dies ergibt eine analoge Anwendung des Art. 36 EWGV, der hier aufgrund des Fehlens einer Bestimmung über das gewerbliche und kommerzielle Eigentum in den Art. 59 bis 66 EWGV heranzuziehen ist.[20]

---

15 Mielke, Urheberrechtsfragen der Videogramme, Diss. 1987, S. 109.

16 *Roth*, S. 105

17 Vgl. *EuGH* "Sacchi" Slg.1974, S.409; weitere Nachweise: *Grünbuch*, a.a.O.,S. 105 ff.

18 *Kühn*, Neue Medien und Werbung, ZUM 1989, S. 300; Deringer, Fernsehen ohne Grenzen,ZUM 1985, S. 229.

19 *Kühn*, ZUM 1989, S. 300.

20 Im Ergebnis ebenso Bappert/Maunz/Schricker, Einl., Rdnr. 50.

Da jedenfalls das Recht des Urhebers, sich Entstellungen und sonstigen Änderungen oder Beeinträchtigungen seines Werkes zu widersetzen als spezifischer Gegenstand des Urheberrechts zu werten ist, rechtfertigt die drohende Verletzung des Werkschutzrechts des Urhebers eine Beschränkung des freien Dienstleistungsverkehrs.

Der Filmregisseur kann damit einer grenzüberschreitenden Sendung seines Filmwerkes in gröblich entstellter Fassung entgegentreten, soweit das gröblich entstellte Filmwerk nicht mit Zustimmung des Regisseurs in einem Mitgliedsstaat der EG rechtmäßig in Verkehr gebracht worden ist.

III. Zusammenfassung

Das Werkschutzrecht fällt als spezifischer Gegenstand des Urheberrechts unter den Begriff des gewerblichen und kommerziellen Eigentums i.S.d. ersten Satzes des Art. 36 EWGV. Art. 36 EWGV ist auf die Bestimmungen der Art. 30 bis 34 EWGV direkt, auf die Bestimmungen der Art. 59 bis 66 EWGV analog anwendbar. Die Bestimmungen des freien Waren- und Dienstleistungsverkehrs stehen damit im Grundsatz den Einfuhr-, Ausfuhr- und Durchfuhrverboten und -beschränkungen nicht entgegen, die aus Gründen des Werkschutzrechts gerechtfertigt sind. Das heißt, daß sich der Filmregisseur der Einfuhr von Filmkopien oder Videokassetten, sowie der grenzüberschreitenden Fernsehsendung widersetzen kann, die "sein" Filmwerk in gröblich entstellter Weise wiedergeben.

Ergebnis

Der Filmregisseur ist nach deutschem Urheberrecht regelmäßig (Mit-) Urheber des Filmwerkes. Die urheberpersönlichkeitsrechtlichen Befugnisse des Filmregisseurs sind im Hinblick auf das Werkschutzrecht eingeschränkt, da das finanzielle Risiko, welches der Filmhersteller im Rahmen der Filmherstellung eingeht bei der Interessenabwägung gebührend berücksichtigt werden muß.

Im Hinblick auf die derzeit gängigen Veränderungen am Filmwerk kann abstrakt festgestellt werden, daß jedenfalls die Formatanpassung von Cinemascope-Filmen an das Fernsehformat sowie die Einblendung des Logos der Fernsehsender eine gröbliche Entstellung des Filmwerkes darstellen. Hinsichtlich der Formatanpassung von Breitwandfilmen im Format 1:1,85 und 1:1,66, sowie der Kolorierung und Werbeunterbrechung entscheidet insbesondere die Gestaltungshöhe des jeweiligen Filmwerkes sowie die Intensität des Eingriffs über die Zulässigkeit dieser Änderungen.

Ausländische konventionsgebundene Regisseure sind durch den Grundsatz der Inländerbehandlung sowie durch die Mindestrechte der RBÜ geschützt wie inländische Regisseure.

Im Anwendungsbereich des EWG-Vertrages kann sich der Filmregisseur des Imports von Filmkopien und Videokassetten verwehren, die sein Filmwerk in einer gröblich entstellten Fassung zeigen. Dasselbe gilt für die Einstrahlung eines gröblich entstellten Filmwerkes.

LITERATURVERZEICHNIS

Balázs, Bela — Der Film, 1961

ders. — Der Geist des Filmes, 1972

Bappert, Walter/ Maunz, Theodor/ Schricker, Gerhard — Verlagsrecht - Kommentar zum Gesetz über das Verlagsrecht, 2. Aufl.1984

Belton, John — Report of the Register of Copyrights - Technological Alterations to Motion Pictures, 1989, S. 1 ff.

Berthold, F.J./ Hartlieb, Horst v. — Filmrecht, Ein Handbuch, 1957

Betzold, Siegfried — Kameramann, Jahrgang 36, September 1987, S. 48.

Böhmer v./ Reitz, Der Film in Wirtschaft und Recht, 1933

Bohr, Kurt — Die Urheberrechtsbeziehungen der an der Filmherstellung Beteiligten, 1978

Cornish, W.R. — Der Schutz des Urheberpersönlichkeitsrechts nach dem neuen britischen Urheberrechtsgesetz von 1988, GRUR Int. 1990, S.500 ff.

Delp, Ludwig — Das künftige Urheberrecht, 1954

Deringer, Arved — Fernsehen ohne Grenzen, ZUM 1985, S. 229 ff.

Dietz, Adolf — Das Urheberrecht in der Europäischen Gemeinschaft, 1978 zit. : Dietz

ders. — Das Droit Moral des Urhebers im neuen französischen und deutschen Urheberrecht, 1968

Drobnig, Ulrich — Originärer Erwerb und Übertragung von Immaterialgüterrechten im Kollisionsrecht, RabelsZ. 40 (1976), S. 195 ff.

Elster, Alexander — Das Urheberpersönlichkeitsrecht in der Rechtsprechung des Reichsgerichts, Die Reichsgerichtspraxis im deutschen Rechtsleben, Bd.4 S.252 ff.

Eisner,Lotte/
Friedrich, Heinz
(Hrsg.) Fischer Lexikon Film, Rundfunk, Fernsehen, 1958

Flechsig, Norbert — Beeinträchtigungsschutz von Regieleistungen im Urheberrecht, Film und Recht 1976, S. 429 ff.

Fleck, Sven — Cinemascope für das Kino, Kameramann Jahrgang 36,September 1987, S.52.

Friedmann, Hellmut — Grundfragen des Filmrechts, UFITA Bd.1 (1928), S.559 ff.

Fromm, Friedrich Karl — Das Recht des Regisseurs und der Schutz seiner künstlerischen Leistung, GRUR 1962, S.561 ff.

Fromm, Friedrich Karl/
Nordemann, Wilhelm — Urheberrechtsgesetz, Kommentar, 7. Aufl. 1988

Gamm,
Otto-Friedrich Frhr. v. — Urheberrechtsgesetz, Kommentar, 1968

ders. — Grundfragen des Filmrechts, 1957

ders. — Urheberrechtliche Verwertungsverträge und Einschränkungen durch den EWG-Vertrag, GRUR Int. 1983, S. 403 ff.

Goldbaum, Wenzel — Urheber-und Urhebervertragsrecht, 1927

Grabitz, Eberhard — Kommentar zu EWG-Vertrag, 1984 zit. : Grabitz/Bearbeiter

Gravenreuth, Günter
Frhr.v. Das Plagiat aus strafrechtlicher Sicht, Software-, Video- und Markenpiraterie, Raubdrucke, 1986

Gregor, Ulrich/
Patalas, Enno — Geschichte des Films Bd.1, 4.Aufl.1980

Grohmann, Hans — Das Recht des Urhebers, Entstellungen und Änderungen seines Werkes zu verhindern, Diss. 1971

Groll, Gunter — Film - die unentdeckte Kunst, 1937

Groschopp, Richard — Über Filmgestaltung, 3. Aufl.1986

Grünbuch über Urheberecht und die technologische Herausforderung - Urheberrechtsfragen, die sofortiges Handeln erfordern, KOM (88) 172

Hagemann, Walter — Der Film, 1952

Happé, Bernard — Your film & the lab, London, 2. Aufl. 1987

Hartlieb, Horst v. — Handbuch des Film-,Fernseh- und Videorechts, 3. Aufl. 1991

ders. — Das neue Filmförderungsrecht, 1987

Hartstein,Reinhard/ Ring, Wolf-Dieter/ Kreile, Johannes Dörr Dieter — Kommentar zum Staatsvertrag der Länder zur Neuordnung des Rundfunkwesens, Stand September 1992

Helle, Jürgen — Besondere Persönlichkeitsrechte im Privatrecht, Diss. 1991

Henning-Bodewig, Frauke — Product Placement und andere Arten der "absatzfördernden Kommunikation" - die neue Schleichwerbung? BB 1986, Beilage 18, S.3 ff.

Hoffmann, Willy — Ein deutsches Urheberrechtsgesetz, Entwurf eines Gesetzes über das Urheberrecht, 1933

Hubmann, Heinrich Rehbinder Manfred — Urheber-und Verlagsrecht, 7. Aufl. 1991 zit. : Hubmann-Rehbinder

ders. — Das Persönlichkeitsrecht, 1953

Iros, Ernst — Wesen und Dramaturgie des Films, 1938

Jarvie, I.C. — Struktur und Funktion der Filmindustrie, 1974

Kandorfer, Pierre — Lehrbuch der Filmgestaltung, 1976

Karkosch, Konrad	Vom Wesen des Films und der Filmkunst, 1982
Karsten, Detlof	Die Sprache des Films, 1954
Kirst, Hans Hellmut	Bilanz der Traumfabrik, 1963
Kleine, Nikola	Urheberrechtsverträge im internationalen Privatrecht, Diss. 1986
Klingsporn, Johannes	Abgekoppelt vom Markt, Film und Fakten, 13/1990, S. 30 ff.
Kramarek, Johannes	DuMont`s Handbuch für praktische Filmgestaltung, 1986
Kühn, Manfred	Fortschritte im Urheberrecht - Eine Bilanz zur Reagen Administration, ZUM 1989, S.123 ff.
ders.	Neue Medien und Werbung, ZUM 1986, S. 370 ff.
Lewinski, Silke v./ Dreier, Thomas	Kolorierung von Filmen, Laufzeitveränderung und Formatanpassung: Urheberrecht als Bollwerk? GRUR Int. 1989, S.635 ff.
Liuzzo, Lamberto	Die Verletzung des Urheberpersönlichkeitsrechts durch Werbeeinblendungen im Fernsehprogramm, GRUR Int. 1989, S.110 ff.
Martini, Dieter	Verletzung von Immaterialgüterrechten im internationalen Privatrecht, RabelsZ 1976 (Bd. 40), S.218 ff.
Mehnert, Hilmar	Die Farbe in Film und Fernsehen, 1974
Meyer-Hessemann, Wolfgang	Zwei Jahre Erprobung der Nutzung neuer Massenkommunikationstechniken in NRW, ZUM 1987, S.410 ff.
Mielke, Thomas	Urheberrechtsfragen der Videogramme, Diss. 1987
Möhring, Phillip/ Nicolini, Käte	Urheberrechtsgesetz, Kommentar, 1970

Möhring, Phillip/ Schulze, Erich/ Ulmer, Eugen/ Zweigert, Konrad — Quellen des Urheberrechts, Bd. 1,2,3 und 4, Stand Juni 1990

Monaco, James — Film verstehen, 1. Aufl. 1990

ders. — American Film Now, München 1985

Nordemann, Wilhelm/ Vinck, Kai/ Hertin, Paul W. — Internationales Urheberrecht und Leistungsschutzrecht der deutschsprachigen Länder unter Berücksichtigung auch der Staaten der Europäischen Gemeinschaft 1977 zit.: Nordemann/Vinck/Hertin, Internationales Urheberrecht

Pichert, Dietrich — Kostenprobleme der Filmproduktion, 1975

Pintsch, Horst — Das Urheberrecht am Tonfilm, Diss. 1937

Platho, Rolf — "Colorization" - und die Möglichkeit ihrer Verhinderung durch die Mitwirkkenden am Filmwerk, GRUR 1987,424 ff.

ders. — Blaue Augen, braune Schnalle, Neue Medien, 1987, S. 76 ff.

Prosinger, Wolfgang — Erster Schlag gegen die Spot-Barbarei, Kameramann Nr. 11, Jahrgang 38, 1989, S. 20

Report of the Register of Copyright "Technical Alterations to Motion Pictures" March 1989

Roeber, Georg — Filmrechtliche Grundfragen der deutschen Urheberrechtsreform,

Rohrbach, Günther — Die verhängnisvolle Macht der Regisseure, Kameramann Jahrgang 32, 1983, S.172 ff.

Roth, Wulf-Henning — Grundfreiheiten des gemeinsamen Marktes für kulturschaffende Tätigkeiten und kulturelle Leistungsträger, ZUM 1989, S.101 ff.

Rotthaler, Max	Vorschlag für ein Aufnahmeformat für HDTV-Vorproduktionen auf 35-mm-Film, Kameramann Nr.4 Jahrgang 39, 1990, S. 8 ff
Runge, Kurt	Das Urheber-und allgemeine Persönlichkeitsrecht, UFITA Bd. 54, S.1
Sack, Rolf	Zur wettbewerbsrechtlichen Problematik des Product Placement im Fernsehen, ZUM Sonderheft 1987, S.103 ff.
Schack, Haimo	Der Vergütungsanspruch der in- und ausländischen Filmhersteller aus § 54 UrhG, ZUM 1989, S.267 ff.
Schilcher, Theresia	Der Schutz des Urhebers gegen Werkänderungen, Diss. 1988
Schricker, Gerhard	Urheberrecht, Kommentar 1987 zit. : Schricker/Bearbeiter
Schulze, Erich	Rechtsprechung zum Urheberrecht, 1954 ff
Sidler, Viktor	Filmgeschichte, Zürich 1982
Siefarth, Christof	US-amerikanisches Filmurheberrecht, Diss.1991
Tetzner, Karl	Fernsehinformation Nr.4, 1991, S.117
ders.	Fernsehinformationen Nr.8, 1991, S. 243
Ubertazzi, Luigi Carlo	Urheberrecht und freier Warenverkehr, GRUR Int. 1984, S. 339.
Ulmer, Eugen	Urheber- und Verlagsrecht, 3. Aufl. 1980 zit. : Lehrbuch
ders.	Urheber- und Verlagsrecht, 1. Aufl. 1951 zit. : Lehrbuch 1. Aufl.
ders.	Zur Neuregelung des Filmrechts, GRUR 1952, S. 5 ff.
ders.	Die Immaterialgüterrechte im internationalen Privatrecht, 1975 zit.: Immaterialgüterrechte im IPR

Weber, Hans Jürgen — Colorization verletzt die Rechte der Gestalter, Kameramann Nr.3, Jahrgang 36, 1987, S. 4

Werhahn, Jürgen — Urheberrecht am Tonfilm, GRUR 1954, S.18 ff.

Wipf, Rudolf — Die Stellung des Filmregisseurs im Urheberrecht, Diss. 1966, Zürich

Printed by
CPI books GmbH, Leck

FSC
www.fsc.org
MIX
Papier | Fördert
gute Waldnutzung
FSC® C083411

Kolibri 360 GmbH
Ferdinand-Jühlke-Straße 7
99095 Erfurt, Deutschland
produktsicherheit@kolibri360.de